铁路职工劳动安全学练丛书

铁路职工消防安全应知应会

（第二版）

《铁路职工消防安全应知应会》编委会　编

中国铁道出版社有限公司

2025年·北 京

内容简介

本书是为增强铁路职工消防安全意识，了解消防安全基本理论，提升现场灭火技能而编写。本书将消防安全理论知识，铁路建筑和电气防火，铁路消防安全管理及应急处置，铁路消防设施、器材配置及使用，火灾逃生与救治，消防相关法律、规章知识，以及日常消防安全常识的相关知识点，整理形成问答题，便于职工在学习消防安全相关知识和技能后及时巩固提高。

本书是“铁路职工劳动安全学练丛书”之一，可作为丛书中《铁路职工消防安全培训教程》配套用书，也可供铁路职工自学使用。

图书在版编目(CIP)数据

铁路职工消防安全应知应会 /《铁路职工消防安全应知应会》编委会编. -- 2 版. -- 北京 ：中国铁道出版社有限公司，2025. 5. --（铁路职工劳动安全学练丛书）.
ISBN 978-7-113-32253-3

Ⅰ. U298. 4

中国国家版本馆 CIP 数据核字第 2025MT1464 号

书　　名：铁路职工消防安全应知应会
作　　者：《铁路职工消防安全应知应会》编委会

策划编辑：秦绪涛
责任编辑：秦绪涛　　**编辑部电话：**(010)51871560
封面设计：刘　莎　　**封面摄影：**徐方琛
责任校对：苗　丹
责任印制：赵星辰

出版发行：中国铁道出版社有限公司(100054，北京市西城区右安门西街 8 号)
网　　址：https://www.tdpress.com
印　　刷：河北宝昌佳彩印刷有限公司
版　　次：2023 年 6 月第 1 版　2025 年 5 月第 2 版　2025 年 5 月第 1 次印刷
开　　本：880 mm×1 230 mm 1/32　**印张：**5.5　**字数：**115 千
书　　号：ISBN 978-7-113-32253-3
定　　价：22.00 元

编　委　会

主　　编： 刘　扬　闫　敏

副 主 编： 朱　锴　付加磊　刘瑞鑫

编写人员： 胡玉敏　李　富　茹海波

冯倩倩　崔　冲　陈世勇

崔维甲　李　雯　胡从凯

解光周　周昊冉　杨录良

梁向文

主　　编： 吴　凯

前　　言

安全是铁路永恒的主题，铁路安全是一种责任，更是一种使命。如何确保铁路职工作业中的人身安全，一方面需要铁路企业提升安全管理水平，完善相应的安全规章和制度，制定标准化作业流程，让职工作业有章可循；另一方面需要加强对职工的日常安全教育，增强职工的安全意识。安全培训是铁路职工培训工作的重要组成部分，是提高职工安全生产技能，增强职工事故预防和应急处理能力的重要手段，也是防止伤亡事故、减少职业危害的重要措施，更是强化安全生产建设，确保铁路运输安全持续稳定的基础性工作。

消防安全是铁路运输生产安全的重要组成部分。对于铁路这种从事现代化大生产的复杂的生产集体，既要求有严格的分工，又要求各个环节之间保持协调一致。如果某个环节发生火灾，小则影响到一个部门，大则影响整个运输生产正常运行。各部门、各单位、各岗位都要实行严格的生产责任制，保障铁路消防安全责任落实。铁路企业应当按照国家有关规定，结合本单位特点，建立健全各项消防安全制度和保障消防安全的操作规程，并对铁路职工进行消防安全知识应知应会教育和防火安全技能培训；组织职工开展消防知识、技能的宣传教育，组织灭火和应急疏散预案的实施和演练。职工要掌握本单位火灾风险隐患，了解单位内重点部位消防安全制度，能够根据燃烧物特性选用合适的消防设备，并掌握常用消防设施器材的配置、维修、保养和管理。

为提高铁路职工消防安全意识，了解消防安全基本理论，提升现场灭火技能，我们编写了这本《铁路职工消防安全应知应会》。本书是在前版基础上，依据《中国国家铁路集团有限公司消防管理办法》，结合中国国家铁路集团有限公司 2024 年发布的《国铁集团动车组旅客列车消防安全管理办法》《国铁集团普速旅客列车消防安全管理办法》《国铁集团铁路客车停留存放消防安全管理办法》等规章，对相关内容进行了修订，使内容更贴合现场实际。本书将消防安全理论知识，铁路建筑和电气防火，铁路消防安全管理及应急处置，铁路消防设施、器材配置及使用，火灾逃生与救治，消防相关法律、规章知识，以及日常消防安全常识的相关知识点，整理形成问答题，便于职工在学习消防安全相关知识和技能后及时巩固提高。本书是“铁路职工劳动安全学练丛书”之一，可作为丛书中《铁路职工消防安全培训教程》配套用书，也可供广大铁路职工日常自学使用。

由于编者水平有限，书中难免存在疏漏和不足之处，恳请广大读者批评指正。

编　者
2025年4月

目　　录

第一章　消防安全理论知识

1. 火灾的定义是什么？

答：火灾是指在时间或空间上失去控制的燃烧所造成的灾害。

2. 根据可燃物的类型和燃烧特性，火灾可分为哪几类？

答：（1）A 类火灾：指固体物质火灾。

（2）B 类火灾：指液体或可熔化的固体物质火灾。

（3）C 类火灾：指气体火灾。

（4）D 类火灾：指金属火灾。

（5）E 类火灾：指带电火灾。

（6）F 类火灾：指烹饪器具内的烹饪物（如动植物油脂）火灾。

3. 根据火灾等级，火灾可分为哪几类？

答：（1）特别重大火灾：指造成 30 人以上死亡，或者 100 人以上重伤，或者 1 亿元以上直接财产损失的火灾。

（2）重大火灾：指造成 10 人以上 30 人以下死亡，或者 50 人以上 100 人以下重伤，或者 5 000 万元以上 1 亿元以下直接财产损失的火灾。

（3）较大火灾：指造成 3 人以上 10 人以下死亡，或者 10 人以上 50 人以下重伤，或者 1 000 万元以上 5 000 万元以下直接财产损失的火灾。

（4）一般火灾：指造成 3 人以下死亡，或者 10 人以下重伤，或者 1 000 万元以下直接财产损失的火灾。

4. 火灾发生过程可分为哪几个阶段？

答：火灾初起阶段、火灾发展阶段、火灾猛烈阶段和火灾熄灭阶段。

5. 火灾初起阶段的特点是什么？

答：燃烧范围不大，建筑物及其放置物品尚未燃烧，燃烧仅限于初始起火点火源附近；在燃烧区域及其附近存在高温，其他区域温度低，烟和气体流动缓慢；燃烧不大、火焰不高、辐射热不强。燃烧蔓延时间因起火源、可燃物性质和分布、通风条件等影响而差别较大。初起阶段火势发展比较缓慢，是灭火的最好时机。

6. 火灾发展阶段的特点是什么？

答：随着燃烧继续，周围可燃物质或建筑构件被迅速加热，气体对流增强，燃烧速度加快，燃烧面积逐渐扩大，除室内的可燃物燃烧之外，建筑物的可燃装饰由局部燃烧迅速扩大，环境温度上升很快，当达到室内固体可燃物全表面燃烧的温度时，被高温烘烤分解、挥发出的可燃气体可能使整个空间都充满火焰，产生大量辐射热。

7. 火灾猛烈阶段的特点是什么？

答：由于燃烧时间继续延长，燃烧速度不断加快，燃烧面积迅速扩大，空间内所有可燃物都在猛烈燃烧，放热量很大，温度迅速升高，并出现持续性高温，最高温度可达 1 100～1 200 ℃，气体对流达到最快速度，热辐射很强，火焰、高温烟气从建筑物的开口大量喷出，使火灾蔓延到建筑物的其他部分，遇到可燃物后，引起连环燃烧，建筑构件的承重能力急剧下降，严重时，造成建筑物局部或整体坍塌破坏。

8. 火灾熄灭阶段的特点是什么？

答：随着空间内可燃物数量的不断减少，火灾燃烧速度递减，温度逐渐下降，火灾进入熄灭阶段。随后，空间温度下降明显，直到把空间内的全部可燃物烧尽，逐步恢复正常温度。该阶段前期，燃烧仍然比较猛烈，火灾温度仍很高。

9. 火灾发展阶段应如何处置？

答：火灾发展阶段灭火是较危险的，要及时正确运用灭火器材进行灭火。如果没有灭火能力，应当及时逃生并报警，大声呼救，组织疏散他人，及时向管理指挥部门汇报。

10. 火灾猛烈阶段应如何处置？

答：火灾猛烈阶段灭火是最危险的，要抓紧时机，组织灭火力量，正确运用灭火原理，有效控制火势，并注意自我保护。此时的浓烟、毒气和热气，几秒内（几口）可使人窒息昏厥倒地。此时，首先应选择正确逃生通道，逃生为主，并及时报警。火灾猛烈燃烧阶段的持续时间长短取决于空间内可燃烧物的性质和数量，以及通风条件等因素。

11. 火灾熄灭阶段应如何处置？

答：火灾熄灭阶段应注意防止建筑构件因较长时间受高温作用和灭火射水的冷却作用而出现裂缝、下沉、倾斜或坍塌破坏，确保消防人员的人身安全，并应注意防止火灾向相邻建筑物蔓延。

12. 建筑物起火后多长时间内是灭火的最好时机？

答：火灾事故统计显示，建筑物起火的 5～7 min 内是灭火的最好时机，超过这个时间，就要设法逃离火灾现场。

13. 燃烧的三个物质必要条件有哪些?

答:燃烧的三个物质必要条件是可燃物(着火源)、氧化剂(助燃剂)和温度(引火源)。

14. 根据可燃物状态,可燃物可分为哪几类?

答:根据可燃物状态,可燃物可分为气体可燃物、液体可燃物和固体可燃物。

15. 什么是氧化剂?

答:帮助和支持可燃物燃烧的物质,即能与可燃物发生氧化反应的物质,称为氧化剂。

16. 铁路火灾中的引火源种类主要有哪些?

答:接触网及受电弓产生的电火花;车体电气设备所产生的高热或电火花;铸铁闸瓦制动时与车轮摩擦产生的火星束;货物振动摩擦产生的热量;货物包裹中夹带的外来火种;易燃易爆危险品的自燃;烟囱、烟蒂等外来火源;人为放火;押运人员和扒乘人员用火等。

17. 完全燃烧产物与不完全燃烧产物的区别是什么?

答:如果燃烧过程中生成的产物不能再燃烧,就称为完全燃烧,其产物称为完全燃烧产物;如果燃烧产物还可以继续燃烧,这个燃烧过程就称为不完全燃烧,其产物称为不完全燃烧产物。

18. 烟是如何产生的?

答:烟是由燃烧或热解作用所产生的悬浮于大气中的产物,其主要成分是一些极小的炭黑粒子,大直径的粒子容易由烟中落下来成为烟尘或炭黑。

19. 燃烧产物的毒害作用主要体现在哪几个方面?

答:(1)缺氧、窒息作用。

（2）毒性、刺激性及腐蚀性作用。

20. 说明二氧化碳的特点及其危害性。

答：二氧化碳是许多可燃物燃烧的主要产物，属于完全燃烧产物，是无色不可燃气体。在空气中，含量过高会刺激呼吸系统，引起呼吸加快，从而产生窒息作用。

21. 常见具有腐蚀性作用的燃烧产物有哪些？

答：常见具有腐蚀性作用的燃烧产物有一氧化碳（CO）、二氧化硫（SO_2）、氯化氢（HCl）、硫化氢（H_2S）等。

22. 什么是爆炸浓度极限？

答：如果把气态可燃物与空气（或纯氧气）相混合，当混合气体中气态可燃物的浓度处于一定浓度范围时，一旦遇到引火源，混合气体就会被点燃而发生爆炸或燃烧，这时的浓度范围称为爆炸浓度极限。

23. 可燃气体的浓度不在爆炸浓度极限范围之内，为什么不会引起爆炸？

答：（1）当可燃混合气体中可燃气体的浓度低于爆炸浓度下限时，因可燃物的浓度过低，遇引火源不会爆炸。

（2）当可燃气体的浓度超过爆炸浓度上限时，因助燃物的浓度过低，遇引火源不发生爆炸。

24. 什么是预混合气？

答：预混燃烧是一种燃烧方式，其中燃料和空气（或氧气）预先混合成均匀的混合气，这种可燃混合气称为预混合气。

25. 预混燃烧有什么特点？

答：（1）预混燃烧通常发生在封闭体系中或混合气体向周围扩散的速度远小于燃烧速度的敞开体系中。

(2) 在预混燃烧过程中，燃烧放热造成产物体积迅速膨胀，压力升高。预混燃烧的燃烧反应快、温度高、火焰传播速度快，反应混合气体不扩散，在可燃混合气体中引入一火源即产生一个火焰中心，成为热量与化学活性粒子集中源。

26. 什么是部分预混式燃烧?

答：部分预混式燃烧是指燃料与空气（或氧气）的混合程度低于完全预混式燃烧。

27. 什么是液体的闪燃?

答：在一定的温度下，可燃性液体液面上产生的蒸气与空气混合物恰好等于爆炸下限浓度，若有引火源点燃就会发生一闪即灭的燃烧，这种现象称为液体的闪燃。

28. 液体发生闪燃的原因是什么?

答：液体温度较低，蒸发速度较慢，蒸发出的蒸气仅能维持一瞬间的燃烧，来不及补充新的蒸气保证持续不断的燃烧。

29. 什么是闪点?

答：闪点是衡量可燃液体火灾危险的一个重要参数，是在规定的试验条件下，发生闪燃的最低温度。

30. 根据国家标准规定，可燃液体可分为哪几类?

答：根据国家标准规定，可燃液体可分为甲、乙、丙三类。

(1) 甲类：闪点小于 28 ℃ 的液体，如汽油、苯、乙醇等。

(2) 乙类：闪点等于或大于 28 ℃但小于 60 ℃的液体，如煤油、松节油等。

(3) 丙类：闪点等于或大于 60 ℃的液体，如柴油、润滑油等。

31. 可燃液体为什么会着火？

答：可燃液体的温度被加热到超过闪点时，蒸发速度加快。当蒸发速度等于燃烧速度时，蒸气与空气组成的混合气体遇引火源发生燃烧以后，由于蒸气能源源不断地补充，使燃烧能够持续进行下去。

32. 易燃液体的燃点与闪点关系的一般规律是什么？

答：易燃液体的燃点比闪点高 1～5 ℃，而且液体的闪点越低，燃点与闪点之差就越小。

33. 什么是液体的受热自燃？

答：可燃液体达到闪点、燃点温度时，如果不用明火去引燃，它是不会发生闪燃或着火的。若继续对液体加热，当液体温度达到一定值以后，即使没有引火源，液体也会发生着火。液体在没有外部引火源的作用下因受热而发生的燃烧称为液体的受热自燃。

34. 什么是液体的热波特性？

答：沸程较宽的混合液体，主要是一些重质油品，如原油、渣油、蜡油、沥青油、润滑油等，由于没有固定的沸点，在燃烧过程中，火焰向液面传递的热量首先使低沸点组分蒸发并进入燃烧区燃烧，而沸点较高的重质部分，则携带在表面接受的热量向液体深层沉降，形成一个热的锋面向液体深层传播，逐渐渗入并加热冷的液层。这一现象称为液体的热波特性。

35. 什么是液体的沸溢？

答：热波向液体深层运动时，由于热波温度远高于水的沸点，因而热波会使油品中的乳化水汽化，大量的蒸气就要穿过油层向液面溢去，在向上移动的过程中形成“油包气”的气泡，即油的一部分形成了含有大量蒸气气泡的泡沫，必然使液体体积膨胀，向外溢出，这种现象称为液体的沸溢。

36. 什么是液体的喷溅？

答：随着燃烧的进行，热波的温度逐渐升高，热波向下传递的距离也越来越大，当热波达到水垫层时，水垫层的水大量蒸发，蒸气体积迅速膨胀，以至把水垫层上面的液体层抛向空中，向外喷射，这种现象称为液体的喷溅。

37. 固体燃烧形式可分为哪几类？

答：（1）蒸发式燃烧。

（2）热分解式燃烧。

（3）熏烟燃烧（阴燃）。

（4）固体表面燃烧。

（5）动力燃烧（爆炸）。

38. 什么是蒸发式燃烧？

答：磷、钾、钠及蜡、沥青等固体可燃物，对其加热时首先熔化成液体，然后变成蒸气，蒸气与空气中的氧反应进行燃烧，这种现象称为蒸发式燃烧。

39. 什么是热分解式燃烧？

答：木材、棉花、煤、塑料等固体可燃物，对其加热时固体内部会发生热分解反应，放出可燃气体和非可燃气体，可燃气体与空气中的氧反应进行燃烧，这种现象称为热分解式燃烧。

40. 什么是熏烟燃烧（阴燃）？

答：可燃固体在空气不流通、加热温度较低、含水分较多等条件下，通常发生只冒烟而无火焰的燃烧现象，即是熏烟燃烧。

41. 什么是固体表面燃烧？

答：木炭、焦炭等固体可燃物，不是通过熔融蒸发、热分解成为气体，而是直接与空气中的氧反应进行燃烧，这种现象称为固体表面燃烧。

42. 什么是动力燃烧（爆炸）？

答：动力燃烧（爆炸）是指可燃固体或其分解析出的可燃性挥发分遇引火源所发生的爆炸式燃烧。

43. 固体的热分解是怎样的过程？

答：固体的热分解首先是受热的表面开始分解，放出挥发性可燃气体，并在表面形成很薄的碳化层。由于碳化层是比较疏松的多孔性结构，可以使气体通过，故靠近碳化层的那部分固体随着继续受热而进一步分解出可燃气体，通过碳化层逸出。在分解的过程中又形成新的碳化层，使整个碳化层逐渐加厚，直至最后整个固体全部碳化。

44. 固体的热分解包括哪两部分？

答：一是受热分解出可燃气体；二是形成疏松多孔的炭化层结构。

45. 什么是挥发金属？

答：熔点、沸点比较低且易熔融、蒸发的金属称为挥发金属，如锂、钠、钾、镁等。

46. 什么是不挥发金属？

答：熔点、沸点比较高且不易熔融、蒸发的金属称为不挥发金属，如铝、钛、锆等。

47. 什么是高聚物?

答：三大合成材料橡胶、塑料及合成纤维都是由高分子化合物制成，统称高聚物。

48. 高聚物燃烧都有哪些特点?

答：(1) 高聚物燃烧时发热量大、温度高、热辐射强。

(2) 高聚物燃烧会产生二氧化碳、一氧化碳、氧化氮、氯化氢、氟化氢、氰化氢、二氧化硫和光气等一系列有害气体。

(3) 高聚物燃烧时发烟量比较大，会妨碍人的视野。

(4) 高聚物在火灾的高温下发生熔化，形成熔滴，燃着的熔滴能把火焰从一个区域扩展到另一个区域，从而使火势蔓延发展。

49. 可燃粉尘爆炸应具备哪些条件?

答：(1) 粉尘本身具有可燃性或者爆炸性。

(2) 粉尘必须悬浮在空气中并与空气或氧气混合达到爆炸极限。

(3) 有足以引起粉尘爆炸的热能源，即引火源。

(4) 粉尘具有一定扩散性。

(5) 粉尘处于相对密封空间。

50. 可燃粉尘爆炸过程是怎样的?

答：第一步，悬浮的粉尘在热源作用下迅速地干馏或气化而产生出可燃气体。

第二步，可燃气体与空气混合而燃烧。

第三步，粉尘燃烧放出的热量，以热传导和火焰辐射的方式传给附近悬浮的或被吹扬起来的粉尘，这些粉尘受热气化后使燃烧循环地进行下去。随着每个循环的逐次进行，其反应速度逐渐加快，通过剧烈的燃烧，最后形成爆炸。

51. 灭火主要有哪几种方式？

答：灭火主要有冷却灭火、窒息灭火、隔离灭火、抑制灭火四种方式。

52. 说明冷却灭火的原理及常用方法。

答：冷却灭火的原理是由于可燃物质着火必须具备一定的温度和足够的热量，灭火时，将具有冷却降温和吸热作用的灭火剂直接喷射到燃烧物体上，以降低燃烧物质的温度，当其温度降到燃烧所需最低温度以下时，火即可熄灭；也可将水喷洒在火源附近的可燃物质上，使其温度降低，防止将火源附近的可燃物质烤着起火。

冷却灭火常用方法是用水进行冷却灭火。

53. 说明窒息灭火的原理及常用方法。

答：窒息灭火就是阻止空气进入燃烧区，不让火接触到空气，让氧气与燃烧物隔绝使火熄灭。窒息灭火常用方法包括以下三种：

（1）向燃烧区充入大量的氮气、二氧化碳等不助燃的惰性气体，减少空气量。

（2）封堵建筑物的门窗，燃烧区的氧一旦被耗尽，又不能补充新鲜空气，火就会自行熄灭。

（3）用石棉毯、湿棉被、湿麻袋、砂土等不燃烧或难燃烧的物品覆盖在燃烧物体上，以隔绝空气使火熄灭。

54. 说明隔离灭火的原理及常用方法。

答：隔离灭火就是将燃烧物与附近有可能被引燃的可燃物分隔开，燃烧就会因缺少可燃物而熄灭。隔离灭火常用方法包括以下四种：

（1）灭火时迅速将着火部位周围的可燃物移到安全地方。

（2）将着火物移到没有可燃物质的地方。

（3）关闭可燃气体、液体管道的阀门，减少和中止可燃物质进入燃烧区域。

（4）拆除与火源相毗连的易燃建筑，形成阻止火势蔓延的空间地带。

55. 说明抑制灭火的原理及应用场景。

答：抑制灭火是将化学灭火药剂喷入燃烧区，使之参与燃烧的化学反应，使燃烧过程中产生的游离基消失，而形成稳定分子或低活性游离基，进而使燃烧反应停止。抑制灭火一般用于扑救计算机等精密仪器设备、家用电器、档案资料和各种可燃气体火灾。但灭火后要采取降温措施，防止发生复燃。

56. 常用灭火剂主要有哪几种？

答：常用灭火剂主要有水、泡沫灭火剂、干粉灭火剂、二氧化碳灭火剂。

57. 水都有哪些灭火作用？

答：（1）冷却作用。

（2）对氧的稀释作用。

（3）对水溶性可燃液体的稀释作用。

（4）水力冲击作用。

58. 水扑救火灾，不宜用于哪些情况？

答：（1）不能用水扑救遇水燃烧物质的火灾。

（2）在没有良好的接地设备或没有切断电源的情况下，一般不能用直流水扑救高压电气设备火灾。

(3) 储存大量浓硫酸、浓硝酸、盐酸等场所发生火灾时不能用直流水扑救。

(4) 轻于水且不溶于水的可燃液体火灾不能用直流水扑救。

(5) 熔化的铁水、钢水引起的火灾，在铁水、钢水未冷却时不能用水扑救。

59. 什么是泡沫灭火剂?

答：凡能够与水混溶，并可通过化学反应或机械方法产生灭火泡沫的灭火药剂，称为泡沫灭火剂。

60. 根据泡沫的生成机理，泡沫灭火剂可分为哪两类?

答：根据泡沫的生成机理，泡沫灭火剂可分为化学泡沫灭火剂和空气泡沫灭火剂。

61. 空气泡沫灭火剂是怎么生成泡沫的?

答：空气泡沫灭火剂是通过空气泡沫灭火剂的水溶液与空气在泡沫产生器中进行机械混合搅拌而生成的。

62. 根据发泡倍数，空气泡沫灭火剂可分为哪几类?

答：根据发泡倍数，空气泡沫灭火剂可分为低倍数泡沫灭火剂、中倍数泡沫灭火剂和高倍数泡沫灭火剂。

63. 低倍数泡沫灭火剂可分为哪几类?

答：低倍数泡沫灭火剂可分为蛋白泡沫灭火剂、氟蛋白泡沫灭火剂、水成膜泡沫灭火剂、抗溶性泡沫灭火剂和合成泡沫灭火剂五种类型。

64. 泡沫主要有哪些灭火作用?

答：(1) 泡沫在燃烧物表面形成的泡沫覆盖层，可使燃烧物表面与空气隔离。

(2) 泡沫层封闭了燃烧物表面，可以遮断火焰对燃烧物的热辐射，阻止燃烧物的蒸发或热分解挥发。

（3）泡沫析出的液体对燃烧表面有冷却作用。

（4）泡沫受热蒸发产生的水蒸气有稀释燃烧区内氧气浓度的作用。

65. 泡沫灭火的应用场景有哪些？

答：（1）化学泡沫、蛋白泡沫、氟蛋白泡沫、水成膜泡沫和中低倍数合成泡沫适用于扑救非水溶性可燃液体火灾和一般固体物质火灾。

（2）抗溶性泡沫适用于扑救甲醇、乙醇、丙酮、醋酸乙酯等一般水溶性可燃液体的火灾。

（3）高倍数泡沫适用于扑救船舶舱室、地下室、地下建筑、煤矿坑道等有限空间的火灾。

（4）泡沫不适用于扑救电气设备火灾、遇水能发生燃烧爆炸物质的火灾。

66. 什么是干粉灭火剂？

答：干粉灭火剂是一种干燥的、易于流动的固体粉末，以粉雾的形式扑灭火灾。

67. 根据用途，干粉灭火剂可分为哪两类？

答：根据用途，干粉灭火剂可分为普通干粉和多用干粉。

68. 普通干粉的灭火应用场景有哪些？

答：普通干粉主要用于扑救可燃液体火灾、可燃气体火灾及带电设备的火灾。

69. 普通干粉主要有哪些品种？

答：（1）以碳酸氢钠为基料的碳酸氢钠干粉。

（2）以碳酸氢钾为基料的紫钾盐干粉。

（3）以氯化钾为基料的钾盐干粉。

（4）以硫酸钾为基料的钾盐干粉。

（5）以尿素与碳酸氢钾（或碳酸氢钠）反应物为基料的氨基干粉。

70. 多用干粉灭火的应用场景有哪些？

答：多用干粉不仅适用于扑救可燃液体、可燃气体和带电设备的火灾，而且适用于扑救一般固体物质火灾。

71. 多用干粉主要有哪些品种？

答：（1）以磷酸盐（如磷酸二氢铵、磷酸氢二铵、磷酸铵等）为基料的干粉。

（2）以硫酸铵与磷酸铵盐的混合物为基料的干粉。

（3）以聚磷酸铵为基料的干粉。

72. 干粉主要有哪些灭火作用？

答：（1）干粉与火焰接触时，粉粒与火焰中的自由原子接触而把它们瞬时吸附到自己表面，从而中断燃烧的链式反应，使火焰熄灭。

（2）使用干粉灭火时，浓雾般的粉雾包围火焰，从而减少火焰对可燃物的热辐射。

（3）粉末受高温作用，将放出结晶水或发生分解，不仅吸收部分热量，而且分解生成的不活泼气体又稀释了燃烧区内氧气的浓度。

73. 二氧化碳主要有哪些灭火作用？

答：（1）二氧化碳气体在燃烧区内排挤空气，并阻止空气进入燃烧区，从而使燃烧区内的氧含量降低。

（2）二氧化碳从钢瓶中释放出来由液体迅速膨胀为气体（二氧化碳吸热受阻，有时会降低自身温度成为固体干冰）

时，需要从火焰和周围环境吸热，因而具有一定的冷却作用。

74. 二氧化碳扑救火灾，适用于哪些场所？

答：（1）可燃油油浸电力变压器室、多油开关室、发电机房等。

（2）通信机房、电子计算机房、精密仪器间、贵重设备室等。

（3）图书馆、档案库、文物资料室等。

75. 二氧化碳不适用于扑救哪些物质的火灾？

答：（1）自己能供氧的物质的火灾，如硝酸纤维、火药等。

（2）活泼金属及其氢化物的火灾，如钾、钠、锂、氢化钾、氢化钠等。

（3）纤维内部的阴燃火灾。

76. 消防安全标志由哪几部分构成？

答：消防安全标志由几何形状、安全色、表示特定消防安全信息的图形符号构成。

77. 根据功能，消防安全标志可分为哪几类？

答：火灾报警装置标志、紧急疏散逃生标志、灭火相关设备标志、禁止和警告标志、方向辅助标志、文字辅助标志。

第二章　铁路建筑和电气防火

1. 铁路车站防火的基本原理是什么？

答：铁路车站防火基本原理是破坏铁路火灾的形成条件和蔓延条件。

（1）在铁路工程防火设计中，最大限度地破坏铁路火灾的形成条件，防止火灾事故的发生，尽可能做到不失火等，属于主动防火对策。以主动防火对策进行防火，可以减少火灾的发生起数，但不能排除发生火灾的可能性。

（2）通过破坏铁路火灾的蔓延条件防止火灾发生的对策称为被动防火对策。利用消防设施的控制功能，一旦起火，可以有效地控制火灾的燃烧，把火灾控制在有限的区域内，确保其他区域的安全等属于被动防火对策。以被动防火对策进行防火，虽然还会发生火灾，但可以有效地减少发生重大火灾的概率，减少火灾损失。

2. 主动防火对策的原理是什么？

答：主动防火对策的原理是防止可燃物、氧化剂、引火源同时存在并相互作用，或破坏火灾形成过程，即升温过程、可燃气体生成过程和激发过程。

3. 主动防火对策主要有哪些？

答：铁路设施材料不燃化或阻燃化；铁路仓库储存阻隔保护（防止可燃物、氧化剂相互作用）；甲、乙类物品仓库和丙类液体仓库的防爆电气设备选型（消除电火花的激发过程）等。

4. 被动防火对策的原理是什么？

答：被动防火对策的原理是利用耐火构件的分隔作用和消防设施的控制作用破坏铁路火灾的蔓延条件。

5. 被动防火对策主要有哪些？

答：设置防火分隔物、设置防火间距、设置防排烟设施、合理布局建筑和设施、安装自动报警装置、安装自动灭火装置等。

6. 建筑物耐火等级是由什么决定的？

答：建筑物耐火等级是由组成建筑物的墙、柱、梁、楼板等主要构件的燃烧性能和耐火极限所决定的。

7. 如何制定建筑物的耐火等级？

答：制定耐火等级标准时选择楼板的耐火极限作为基准，即首先确定各耐火等级建筑物中楼板的耐火极限，然后将其他建筑构件与楼板相比较，在建筑结构中所占的地位比楼板重要者，其耐火极限高于楼板；地位比楼板次要者，其耐火极限适当降低。

8. 根据火灾危险性分类，甲类铁路厂房可使用或生产哪些物质？

答：（1）闪点小于 28 ℃的液体。

（2）爆炸下限小于 10％的气体。

（3）常温下能自行分解或在空气中氧化能导致迅速自燃或爆炸的物质。

（4）常温下受到水或空气中水蒸气的作用，能产生可燃气体并引起燃烧或爆炸的物质。

（5）遇酸、受热、撞击、摩擦、催化及遇有机物或硫黄等易燃的无机物，极易引起燃烧或爆炸的强氧化剂。

（6）受撞击、摩擦或与氧化剂、有机物接触时能引起燃烧或爆炸的物质。

（7）在密闭设备内操作温度大于等于物质本身自燃点的生产。

9. 根据火灾危险性分类，乙类铁路厂房可使用或生产哪些物质？

答：（1）闪点不小于 28 ℃，但小于 60 ℃的液体。

（2）爆炸下限不小于 10%的气体。

（3）不属于甲类的氧化剂。

（4）不属于甲类的化学易燃危险固体。

（5）助燃气体。

（6）能与空气形成爆炸性混合物的浮游状态的粉尘、纤维、闪点大于等于 60 ℃的液体雾滴。

10. 根据火灾危险性分类，丙类铁路厂房可使用或生产哪些物质？

答：（1）闪点不小于 60 ℃的液体。

（2）可燃固体。

11. 根据火灾危险性分类，丁类铁路厂房可使用或生产哪些物质？

答：（1）对不燃烧物质进行加工，并在高温或熔化状态下经常产生强辐射热、火花或火焰的生产。

（2）利用气体、液体、固体作为燃料或将气体、液体进行燃烧作其他用的各种生产。

（3）常温下使用或加工难燃烧物质的生产。

12. 根据火灾危险性分类，戊类铁路厂房可使用或生产哪些物质？

答：常温下使用或加工不燃烧物质的生产。

13. 根据火灾危险性分类，甲类铁路主要生产房屋包括哪些？

答：乙炔瓶存放间、酸性蓄电池充电间、危险品仓库、口岸站油罐车换轮库、洗罐库等。

14. 根据火灾危险性分类，乙类铁路主要生产房屋包括哪些？

答：闪点小于 60 ℃的燃油库、油泵间，喷漆库、油漆库、漆工间、浸漆干燥间、配件油漆间、滤油毛线间，机务段、车辆段、动车段（所）、大型养路机械段、综合维修段（工区）的易燃品库（储藏煤油、氧气瓶等）、氧气站、洗罐棚，制冰所内的氨压缩机间，喷漆及预处理库等。

15. 根据火灾危险性分类，丙类铁路主要生产房屋包括哪些？

答：闪点不小于 60 ℃的燃油库、机油库、油泵间，油脂发放间、齿轮箱抱轴承间、油脂再生间、劳保用品库、杂品库、客车及机械冷藏车修车库、客车及机械冷藏车整备库、动车检查库和检修库、空调车三机综合作业棚（库），木工系统各车间，可燃材料仓库、车站行李房、包裹房、铁路货场中转库房、发电机间、配电装置室（每台设备油量 60 kg 及以上）、油浸变压器室，有可燃介质的补偿装置室，变压器油过滤间、变压器油库、内燃叉车库、客运备品库、电缆夹层（一般电缆）、货场和综合维修库段（工区）内的油库、试验组合（联合）车库、配送中心（或物资库），轨道车库等。

16. 根据火灾危险性分类，丁类铁路主要生产房屋包括哪些？

答：信息机房、通信机房、信号机械室、车辆安全防范预警系统机械室，机车中修库及小修库、机车停留库，空气压缩机间、干砂间、柴油机间、电机间、电器间、转向架间、轮轴间、清洗间（使用工业清洗剂）、货车修车库、站修棚（库），大型养路机械检修库和停放库（棚）、锅炉房、锻工间、熔焊间、配件加修间、车电间、金属利材间、电瓶叉车库、化验室、调车机车库、滚动轴承间、空调车三机检修间、制动间、油压减振器检修间、燃系间、燃料器械间、小型配电装置室（每台装油量不大于 60 kg 的设备）、气体或干式变压器室、干式电抗器室，小五金库，检修组合（联合）车库、准备库等。

17. 根据火灾危险性分类，戊类铁路主要生产房屋包括哪些？

答：机床间、冷却水制备间、轴承检查选配室、受电弓间、配件库、设备维修间、机械钳工间、工具间、材料仓库（非燃材料）、计量室、仪表间、碱性蓄电池间、钩缓间，检修交车棚、洗车库、变电所主控制室、电缆夹层（阻燃电缆）等。

18. 爆炸性气体环境根据危险程度可分为哪三种？

答：（1）连续出现或长期出现爆炸性气体混合物的环境。

（2）在正常运行时可能出现爆炸性气体混合物的环境。

（3）在正常运行时，不太可能出现爆炸性气体混合物的环境，或即使出现也仅是短时存在的爆炸性气体混合物的环境。

19. 爆炸性粉尘环境根据危险程度可分为哪三种？

答：(1) 空气中的可燃性粉尘云持续地或频繁地出现于爆炸性环境中的区域。

(2) 在正常运行时，空气中的可燃性粉尘云很可能偶尔出现于爆炸性环境中的区域。

(3) 在正常运行时，空气中的可燃性粉尘云一般不可能出现于爆炸性环境中的区域，即使出现，持续时间也是短暂的。

20. 什么是防火间距？

答：防止着火建筑的辐射热在一定时间内引燃相邻建筑，且便于消防扑救的间隔距离称为防火间距。

21. 说明铁路线路与房屋建筑物防火间距要求。

答：(1) 散发可燃气体、可燃蒸气的甲类生产厂房：正线 35 m；其他线 30 m。

(2) 甲、乙类生产厂房（不包括 (1) 的厂房）：正线 30 m；其他线 25 m。

(3) 甲、乙类物品库房：正线 50 m；其他线 40 m。

(4) 其他生产性及非生产性房屋：正线 20 m；其他线 10 m。

22. 说明铁路线路与石油化工企业设施的防火间距要求。

答：(1) 液化烃罐组（罐外壁）：正线 55 m；其他线 45 m。

(2) 甲、乙类液体罐组（罐外壁）：正线 45 m；其他线 35 m。

（3）甲、乙类工艺装置或设施（最外侧设备外缘或建筑物的最外轴线）：正线 35 m；其他线 30 m。

23. 对洗罐线的设置有哪些要求？

答：洗罐线应为平坡尽端式，其终端车位的车钩至车挡的安全距离不应小于 20 m。

24. 变电所的防火间距有哪些要求？

答：牵引变电所的室外油浸式牵引变压器，分区所、自耦变压器所或开闭所的室外油浸式自耦变压器，距最近铁路线路的防火间距不应小于 25 m。当设置防火隔墙时，防火间距可减少 50%。防火墙的高度不宜低于变压器油枕的顶端高度，防火墙的两端应分别大于变压器储油池外侧各 1 m。

25. 防火间距起算点是如何规定的？

答：（1）道路——路面边缘（指明者除外）。

（2）铁路线路——最近铁路的线路中心线。

（3）管道——管道的中心线（指明者除外）。

（4）油罐——罐外壁。当有防火堤时，为防火堤中心线。

（5）工业企业、住宅区、建筑物、构筑物——围墙外缘，无围墙者，建筑物和构筑物的外墙皮，如外墙有凸出的可燃或难燃构件时，应从其凸出部分外缘算起。

（6）铁路装卸油品设施——铁路作业中心或端部的装卸油品的鹤管。

（7）铁路油罐车、汽车油罐车的装卸油品鹤管——鹤管的主管中心。

（8）各类堆场——邻近铁路的最外边缘。

（9）防火隔离带——铁路中心线或用地界与森林的林木

投影边缘或草原的草地边缘。

（10）铁路车站——铁路车站设计用地界。

（11）洗罐工艺装置——此装置最外侧设备边缘或建筑物的最外边线。洗罐工艺装置或洗罐线与建、构筑物的防火间距应以相互距离较近者确定。

26. 什么是防火分区？

答：防火分区是指在建筑物内部采用防火墙、耐火楼板及其他防火分隔设施分隔而成，能在一定时间内防止火灾向同一建筑物的其余部分蔓延的局部空间。

27. 什么是竖向防火分隔？有什么作用？

答：竖向防火分隔，是指用耐火性能较好的楼板、防烟楼梯间等，在建筑物的垂直方向对每个楼层进行防火分隔，其作用是防止多层或高层建筑物层与层之间竖向发生火灾蔓延。

28. 什么是水平防火分隔？有什么作用？

答：水平防火分隔是指用防火墙或防火门、防火卷帘等防火分隔物，将建筑物在水平方向分隔出防火区域，其作用是防止火灾在水平方向扩大蔓延。

29. 什么是防烟楼梯间？

答：在楼梯间入口处设有防烟前室，或设有专供排烟用的阳台、凹廊等，且通向前室和楼梯间的门均为乙级防火门的楼梯间称为防烟楼梯间。

30. 常见的防火分隔物包括哪些？

答：常见的防火分隔物包括防火墙、防火门、防火窗、防火卷帘、防火水幕带等。

31. 什么是防火墙?

答：防火墙是具有不少于 3.0 h 耐火极限的非燃烧体墙壁。

32. 防火墙包括哪几种?

答：防火墙有内防火墙、外防火墙和室外独立的防火墙等。

（1）内防火墙是把房屋划分成防火分区的内部分隔墙。

（2）外防火墙是在两幢建筑物间因防火间距不够而设置的无门窗的外墙。

（3）室外独立的防火墙是当建筑物间的防火间距不足，又不便使用外防火墙时，采用室外独立防火墙，用以遮断对面的热辐射和爆炸冲击波。

33. 建筑物防火墙设置有哪些要求?

答：（1）防火墙应直接设置在建筑物的基础或钢筋混凝土框架、梁等承重结构上，轻质防火墙体可不受此限制。

（2）防火墙应从楼地面基层隔断至顶板底面基层。当屋顶承重结构和屋面板的耐火极限低于 0.5 h，高层厂房（仓库）屋面板的耐火极限低于 1.0 h 时，防火墙应高出不燃烧体屋面 0.4 m 以上，高出燃烧体或难燃烧体屋面 0.5 m 以上。其他情况时，防火墙可不高出屋面，但应砌至屋面结构层的底面。

（3）当防火墙横截面中心线距天窗端面的水平距离小于 4.0 m，且天窗端面为燃烧体时，应采取防止火势蔓延的措施。

（4）当建筑物的外墙为难燃烧体时，防火墙应凸出墙的外表面 0.4 m 以上，且在防火墙两侧的外墙应为宽度不小于

2.0 m的不燃烧体，其耐火极限不应低于该外墙的耐火极限。当建筑物的外墙为不燃烧体时，防火墙可不凸出墙的外表面。紧靠防火墙两侧的门窗洞口之间最近边缘的水平距离不应小于2.0 m；但装有固定窗扇或火灾时可自动关闭的乙级防火窗时，该距离可不限。

(5) 建筑物内的防火墙不宜设置在转角处。如设置在转角附近，内转角两侧墙上的门窗洞口之间最近边缘的水平距离不应小于4.0 m。

(6) 防火墙上不应开设门、窗、洞口，必须开设时，应设置不可开启或火灾时能自动关闭的甲级防火门、窗。

34. 什么是防火门?

答：防火门是指在一定时间内，连同框架能满足耐火稳定性、完整性和隔热性要求的门。它是设置在防火分区间、疏散楼梯间、垂直竖井等处且具有一定耐火性的活动的防火分隔物。

35. 根据所用材料，防火门可分为哪几类?

答：根据所用材料，防火门可分为钢质防火门、木质防火门、钢木质防火门和其他材质防火门。

36. 根据耐火极限，防火门可分为哪几类?

答：根据耐火极限，防火门可分为甲级防火门、乙级防火门和丙级防火门。

37. 什么是甲级防火门? 应用在哪些位置?

答：耐火极限不低于1.5 h的门为甲级防火门。甲级防火门主要安装于防火分区间的防火墙上。建筑物内附设的一些特殊房间的门也应采用甲级防火门，如燃油燃气锅炉房、变压器室、锅炉房内设置的储油间等。

38. 什么是乙级防火门？应用在哪些位置？

答：耐火极限不低于 1.0 h 的门为乙级防火门。疏散走道通向防烟楼梯间前室及前室通向楼梯间的门、通向室外楼梯的门、消防电梯前室的门等应采用乙级防火门。

39. 什么是丙级防火门？应用在哪些位置？

答：耐火极限不低于 0.5 h 的门为丙级防火门。建筑物中电缆井、管道井、排烟道、排气道、垃圾道等竖向管道井壁上的检查门等应采用丙级防火门。

40. 什么是防火窗？

答：防火窗是指在一定时间内，连同框架能满足耐火稳定性和耐火完整性要求的窗。防火窗一般安装在防火墙或防火门上。

41. 根据安装方法，防火窗可分为哪几类？

答：根据安装方法，防火窗可分为固定窗扇防火窗和活动窗扇防火窗。

42. 防火窗的主要作用是什么？

答：一是隔离和阻止火势蔓延，此种窗多为固定窗；二是采光，此种窗有活动窗扇，正常情况下可用于采光通风，火灾时起防火分隔作用。

43. 旅客车站防火分区有什么规定？

答：（1）铁路旅客车站的候车区及集散厅符合一定条件时，其每个防火分区最大允许建筑面积不应大于 10 000 m^2。

（2）其他建筑与铁路旅客车站合建时，应划分独立的防火分区。

（3）旅客车站站房公共区严禁设置娱乐、演艺等场所。设置为旅客服务的餐饮、商品零售点应符合有关规定。

（4）中型及以上铁路旅客车站的站房公共区与集中设置的办公区、设备区等应划分为独立的防火分区。当行李（包裹）库与旅客车站合建时，行李（包裹）库应划分为独立的防火分区，且站房公共区不应与行李（包裹）库上下组合设置。

（5）高架候车厅（室）通往站台的进站楼梯作为消防疏散楼梯时，疏散门至楼梯踏步的缓冲距离不宜小于4.0 m。

（6）铁路旅客车站的疏散口、走道和楼梯的净宽度应符合《建筑防火通用规范》（GB 55037）的有关规定，且站房内所有为旅客疏散服务的楼梯梯段净宽度均不得小于1.6 m。

（7）当候车厅（室）位于旅客车站建筑顶层，且室内地面与集散厅地面或室外地面高差不大于10 m，其建筑高度虽大于24 m,其防火设计可按《建筑防火通用规范》（GB 55037）中单、多层民用建筑类别的规定执行。

（8）旅客地道内地面、墙面、顶面装饰材料燃烧性能等级均不应低于A级，地道内广告灯箱等所用材料燃烧性能等级不应低于B1级。

（9）旅客车站集散厅、售票厅和候车厅（室）等，其室内任一点至最近疏散门或安全出口的直线距离不应大于30 m；当该场所设置自动喷水灭火系统时，室内任一点至最近安全出口的安全疏散距离可增加25%。

（10）无商业设施旅客进出站地道的防火设计，应符合《建筑防火通用规范》（GB 55037）中城市交通隧道的相关规定。

44. 铁路旅客车站的候车区及集散厅符合什么条件时，其每个防火分区最大允许建筑面积不应大于10 000 m^2？

答：（1）设置在首层、单层高架层，或有一半直接对外疏散出口且采用室内封闭楼梯间的二层。由于车站内人员密集，疏散距离较长，有效火灾扑救空间小，一旦发生火灾，扑救火灾和人员疏散都较为困难，故规定集散厅、候车区应设置在首层和单层高架层。直接对外疏散出口，是指设置直接通向室外安全区域的疏散口。

（2）设有自动喷水灭火系统、排烟设施和火灾自动报警系统，确保火灾不会通过连通空间蔓延。

（3）内部装修设计符合现行国家标准《建筑防火通用规范》（GB 55037）的有关规定。

45. 旅客车站站房公共区设置为旅客服务的餐饮、商品零售点应符合哪些消防安全规定？

答：（1）顶板的耐火极限不应低于 1.5 h，隔墙的耐火极限不应低于 2.0 h，隔墙两侧沿走道门洞之间应设置宽度不小于 2.0 m 的实体墙或 A 类防火玻璃。

（2）固定设置的餐饮、商品零售点面积不应大于 100 m^2，连续设置时，总建筑面积不应大于 500 m^2。

（3）应采用无明火作业。无明火作业指不采用燃煤及其他固体、燃气及液化石油气、柴油及乙醇等作燃料，仅采用电热器具现场热加工的餐饮作业。

（4）中型及以上车站固定设置的餐饮、商品零售点应设置火灾自动报警系统和自动喷水灭火系统，连续设置且建筑面积大于 100 m^2时，还应设置机械排烟系统。

（5）当商品零售点建筑面积不大于 20 m^2，且与其他功能用房或餐饮、商品零售点间距不小于 8.0 m 时，可不采取防火分隔措施。

46. 为什么应对铁路电气设备房屋的隔墙、楼板和门提出耐火极限要求?

答：铁路电气设备房屋，一般附设在建筑物内，属于业务量大、设备价值大、性质十分重要、火灾危险等级较高的建筑场所，一旦失火将会扰乱行车秩序，影响铁路运输生产的正常进行，因此，应对这些房屋的隔墙、楼板和门提出耐火极限要求。

47. 哪些铁路电气设备房屋建筑内，与其他部位相连的门窗应采用乙级防火门?

答：(1) 铁路通信枢纽各通信机房、调度中心（所）通信机房、车站通信机房、区间通信机房（通信基站、信号中继站、各类牵引供电及电力所（亭）内通信机械室)。

(2) 调度中心（所）设备机房、车站、动车段（所）和区间的信号机械室（含信号设备机房、继电器室和电源室、防雷分线室）及运转室。

(3) 信息设备用房及消防控制室。

(4) 车辆安全防范预警系统机房。

(5) 自然灾害与异物侵限监测系统中心级机房。

48. 在什么情况下，铁路电气设备房屋的门窗应采用甲级防火门窗?

答：当牵引变电所、分区所、自耦变压器所、开闭所的主控制室、配电装置室、补偿装置室、变压器室，10 kV 及以上变、配电所的控制室与旅客站房或其他民用建筑合建时，其内部门窗应采用甲级防火门窗。

49. 铁路厂房和仓库防火分区有哪些规定?

答：(1) 机务段、车辆段、动车段（所)、综合维修基地（段）、大型养路机械段的喷漆库、油漆库应单独设置。

（2）酸性蓄电池充电间应单独建造。

（3）车辆段、动车段（所）的联合车间内设置的漆工间、调漆间及甲、乙类油品存放间应靠近外墙布置。油漆、溶剂及甲、乙类油品的储量不应超过一昼夜的使用量。

（4）机务段、车辆段、动车段（所）的柴油泵间和油脂发放间应设在地面。

（5）危险化学品货物仓库的库房应按危险品货物分类分别建造，化学性质相近、灭火方法相同的物品可合建一个库房并应符合相关规定。

（6）铁路物流中心库房的生活、办公、仓储、分装、交易等不同功能的场所，应按不同使用性质分别划分防火分区。防火设计应符合《建筑防火通用规范》（GB 55037）的有关规定。

50. 当符合什么条件时，机务段的喷漆库、油漆库可设在联合车间的端部？

答：（1）采用耐火极限不低于 3.0 h 的防火卷帘分隔。

（2）库内的油漆存放间、漆工间、干燥间等附属房屋应采用耐火极限不低于 3.0 h 的防火墙及甲级防火门。

（3）采用轻质屋面或有足够的门、窗，保证泄压面积，地面应采用不发生火花的建筑材料。

（4）库内不得设置办公室、休息室或更衣室。

（5）库内设置检修坑时，坑内应采取降低气雾浓度措施。

51. 建造酸性蓄电池充电间有哪些消防要求？

答：酸性蓄电池充电间应单独建造。当与其他房屋合建时应设于外侧，并应采用耐火极限不低于 3.0 h 的防火墙隔开，其上方不应建有其他房屋。充电间不应有与相邻的值班室和配电室直通的门、窗；当必须设置时，应采用甲级防火门、窗。当屋顶开有天窗或紧靠顶棚对称设置不小于 2.0 m^2 的通风窗，且屋顶无大于或等于 0.2 m 高的梁隔断时，可不考虑泄压。

52. 不同的危险化学品货物合建一个库房时，应符合什么规定？

答：化学性质相近、灭火方法相同的物品可合建一个库房，并应符合下列规定：

（1）房屋顶面应采用双层隔热和易泄压的轻质材料做屋盖。

（2）地面应有从库门口向室内的下坡。

（3）库房应采用向外开启的非金属门、窗或悬开窗，当受到站台宽度限制时，可采用侧拉门，但应设宽度不小于 0.8 m 无门槛向外开启的疏散门。

（4）地面和 3.0 m 以下的内墙面应采用不发生火花的建筑材料。

53. 为什么建筑物应设置防排烟设施？

答：（1）在燃烧过程中，烟浓度的增高，会导致氧气的缺失。

（2）烟中的有毒气体，会对人体构成致命威胁。

（3）烟气影响人的能见距离，使人们无法及时安全疏散。

（4）灼热的烟能烧伤人并通过热传播使火灾蔓延。

54. 防排烟方式可分为哪几类?

答：防排烟方式可分为密闭防烟、自然排烟、机械防排烟。

55. 密闭防烟是怎样实现的?

答：密闭防烟是通过将起火房间立即密封从而实现防排烟功能的方式。若起火房间容积小，又有耐火构件与建筑其他部位分隔，且密闭性好，当可燃物较少时，有可能因供氧不足而熄灭，进而达到防止烟气扩散的目的。

56. 自然排烟是怎样实现的?

答：自然排烟是通过室内外温度差引起的热压作用和风力所造成的风压作用形成室内外气体对流实现防排烟功能的方式。自然排烟有两种方式：一是利用开启的门窗进行排烟；二是利用竖井进行排烟。自然排烟经济、简单，无须排烟动力设备，但可靠性差。

57. 机械防排烟是怎样实现的?

答：机械防排烟有三种方式：一是机械排烟、自然进风保持负压的方式；二是机械排烟、机械送风保持正压或负压的方式；三是机械送风保持正压的方式。

58. 室外风速、风向对自然排烟有怎样的影响?

答：当起火房间的开口处于背风面时，能起到很好的排烟效果；当处在迎风面时，则会降低排烟效果，甚至会将烟吹到建筑物的其他部位。

59. 哪些铁路房屋建筑内应设置防爆通风设施?

答：喷漆库、油漆库、危险品仓库、口岸站油罐车换轮库、酸性蓄电池充电间和输送甲、乙类油品的泵房，以及在生产过程中使用甲、乙类油品进行配件清洗的滚动轴承间、空调机检修间、油压减振器检修间、燃料间、制动间等，应设置防爆通风设施。

60. 安装通风调节系统时，哪些位置应设置防火阀？

答：通风、空气调节系统风管穿越通信、信号、电力、信息设备用房等重要或火灾危险性大的房间隔墙和楼板处应设置防火阀。

61. 建筑物的通风调节有哪些规定？

答：（1）喷漆库、油漆库、危险品仓库、口岸站油罐车换轮库、酸性蓄电池充电间和输送甲、乙类油品的泵房，以及在生产过程中使用甲、乙类油品进行配件清洗的滚动轴承间、空调机检修间、油压减振器检修间、燃料间、制动间等，应设置防爆通风设施。

（2）通风、空气调节系统风管穿越通信、信号、电力、信息设备用房等重要或火灾危险性大的房间隔墙和楼板处应设置防火阀。目的是防止机房的火灾通过风管道蔓延到建筑内的其他房间，或者防止建筑内的火灾通过风管道蔓延到机房。

62. 哪些铁路场所应设置排烟设施？

答：（1）单层建筑总面积大于5 000 m^2 的机车检修库、货车修车库、大型养路机械修车及停车库、综合维修基地（段）检修库等丁类厂房。

（2）单层建筑面积大于1 000 m^2 的行包快运基地及车站货物仓库、包裹库。

（3）建筑面积大于100 m^2的旅客车站候车厅（室）、集散厅、售票厅、中庭。

（4）建筑面积大于300 m^2的客车（动车）及机械冷藏车

的修车库和整备库，轨道车库、内燃叉车库，供电段、电力段的油浸变压器室等丙类厂（库）房。

（5）连续设置且总面积大于 100 m^2的固定设置的餐饮、商品零售点。

（6）地下车站防排烟设计应符合《地铁设计规范》（GB 50157）的规定。

63. 安全疏散设置应遵循哪些基本原则？

答：（1）安全疏散设施的设计思路是尽可能使疏散过程在危及人们安全的火灾因素产生之前完成，并且使疏散行动不被阻挡。

（2）疏散路线要简洁、明了、畅通、安全、可靠，疏散路线的端部必须是安全区域，避免出现各种人流、货物相互交叉，杜绝出现逆流。

（3）为保证公共场所在火灾时能安全疏散人员和物资，应设有足够数量的安全出口。因为在正常条件下的疏散是有秩序地进行的，而紧急疏散时，则由于人们惊恐的心理状态，必然会出现拥挤等意想不到的状况。符合安全疏散要求的门、走道和楼梯在设计时要使其有天然采光功能，有防火隔墙和顶板的保护，有利于人们快速离开火场。

（4）被疏散人员到安全出口距离的长短，将直接影响疏散所需时间。为满足允许疏散时间的要求，需确定出房间到安全出口允许的最大距离，超过该距离，疏散所用时间就超出安全所允许的限度。

（5）建筑物宜设置与大气连通、燃烧产生的高温烟气不会停留的场所供人员临时避难使用，如屋顶平台、室外疏散楼梯和阳台、凹廊等。

(6) 安全出口应有一定的宽度要求。宽度愈大，则人流和物资疏散的时间就愈短。安全出口宽度要根据总的允许疏散时间的要求通过计算得出。

64. 铁路车站安全疏散设置应注意什么?

答：(1) 候车室内安全出口不得少于 2 个，每个安全出口平均疏散不应超过 250 人。候车室安全出口必须直接通向室外，室外通道净宽不得小于 3.0 m。候车室安全出口净宽不得小于 1.4 m。太平门应向外开，宜采用双扇自动平开门，严禁设锁，不得设门槛。如设踏步应在门线 1.4 m 以外起步。如设坡道，坡度不得大于 1/12，并应设防滑设施。

(2) 安全疏散口及每条楼梯净宽度，应根据人流计算，并不得小于 1.6 m。安全疏散口通路净宽度不得小于 3.0 m。利用检票口作为安全疏散口时，应符合现行的《建筑防火通用规范》(GB 55037) 中关于安全疏散口的规定。二楼设置候车室时，疏散楼梯不得少于 2 个。

(3) 候车室内带有导向栏杆的进站口不得作为安全出口计算其宽度。候车室及疏散通道不得采用具有镜面效果的装饰面及假门。

(4) 当疏散楼梯直接通向室外时，室外地面通道净宽不得小于 3 m。楼层旅客疏散到地面时，疏散方向与地层安全出口疏散方向不得相逆。

(5) 连通站内外的消防通道、候车室（厅）的安全疏散门，疏散通道不得封闭、阻塞，并确保畅通无阻。安全出口必须设置明显标志及事故照明设施。

65. 常见的电气火灾可分为哪两类？

答：常见的电气火灾可分为配电系统火灾和用电设备火灾。

66. 什么是短路？

答：电气线路中的导线由于各种原因造成相线与相线、相线与零线（地线）的相接或相碰，在回路中引起电流的瞬间骤然增大的现象称为短路。

67. 短路的形式包括哪几种？

答：短路的形式包括相线短路、直接接地短路、间接接地短路。

68. 为什么短路会引起火灾？

答：根据欧姆定律，由于短路时电阻突然减小，则电流将突然增大。因此，线路短路时在极短的时间内会产生很大的热量，这个热量不仅能使绝缘层燃烧，而且能使金属熔化，引起邻近的易燃、可燃物质燃烧，从而引起火灾。

69. 电气线路发生短路的主要原因有哪些？

答：（1）使用绝缘电线、电缆时没有按具体环境选用，使绝缘受高温、潮湿或腐蚀等作用，失去了绝缘能力。

（2）线路年久失修，绝缘层陈旧老化或受损，使线芯裸露。

（3）电气系统出现过电压，使电线绝缘被击穿。

（4）安装、修理人员接错线路或带电作业时造成人为碰线短路。

（5）裸电线安装太低不慎将金属物碰在电线上；线路上有金属物件或小动物跌落，发生电线之间的跨接。

（6）架空线路电线间距太小，档距过大，电线松弛，有可能发生两线相碰；架空电线与建筑物、树木距离太近，使电线与建筑物或树木接触。

（7）电线机械强度不够，导致电线断落接触大地，或断落在另一根电线上。

（8）不按规定要求私接乱拉，管理不善，维护不当造成短路。

（9）高压架空线路的支持绝缘子耐压程度过低，引起线路的对地短路。

70. 防止短路有哪些措施?

答：（1）按照环境特点安装导线，应考虑潮湿、化学腐蚀、高温场所和额定电压的要求。

（2）导线与导线、墙壁、顶棚、金属构件之间，以及固定导线的绝缘子、瓷瓶之间，应保持一定距离。

（3）距地面 2 m 以下及穿过楼板和墙壁的导线均应有保护绝缘的措施，以防损伤。

（4）绝缘线切忌用铁丝捆扎和铁钉搭挂。

（5）定期对绝缘电阻进行测定。

（6）线路中应安装相应的保险器或自动开关。

71. 什么是导线过载?

答：电气线路中允许连续通过而不至于使电线过热的电流量称为安全载流量或安全电流。如果导线流过的电流超过安全电流值，就称为导线过载。

72. 发生过载的主要原因有哪些?

答：（1）导线截面积选择不当，实际负载超过了导线的安全载流量。

（2）在线路中接入了过多或功率过大的电气设备，超过了配电线路的负载能力。

73. 防止导线过载有哪些措施？

答：（1）合理选用导线截面。

（2）切忌乱拉电线和过多接入负载。

（3）定期检查线路负载与设备增减情况。

（4）安装相应的熔断器或自动开关。

74. 什么是接触电阻？

答：导体连接时，在接触面上形成的电阻称为接触电阻。

75. 为什么导线连接不牢会引起火灾？

答：当导线连接不牢时，会导致局部接触电阻过大，产生过热，使金属变色甚至熔化，引起绝缘材料和附近的可燃物燃烧，从而引发火灾。

76. 发生接触电阻过大的主要原因有哪些？

答：（1）安装质量差，造成导线与导线、导线与电气设备的衔接点连接不牢。

（2）导线的连接处粘有杂质，如氧化层、泥土、油污等。

（3）连接点由于长期振动或冷热变化使接头松动。

（4）铜铝混接时，由于接头处理不当，在电腐蚀的作用下接触电阻会很快增大。

77. 防止接触电阻过大有哪些措施？

答：（1）尽量减少不必要的接头，对于必不可少的接头，必须紧密结合、牢固可靠。

（2）经常对运行的线路进行巡视检查，发现接头松动或发热现象及时处理。

(3) 铜芯导线采用铰接时，应尽量再进行锡焊处理，一般采用焊接和压接。

(4) 铜铝导线相接时，应采用铜铝过渡接头，并用压接法连接。

(5) 定期进行电气安全检查、测试，发现问题，及时维修、更换。

78. 铁路房屋建筑电气防火措施有哪些？

答：(1) 货物仓库和旅客车站行李、包裹用房的照明应选用安全型灯具和铜芯线缆，导线明敷时应采用金属管或金属槽板保护。

(2) 库（房）内不应设置配电箱、开关和插座。

(3) 铁路通信、信息室内敷设的各类光缆、电缆及电线的绝缘、护套及机械防护材料，应采用低烟、无卤难燃烧材料。

(4) 当电力电缆与通信光电缆、信号电缆同沟、同井敷设时，应分别布置在两侧，并加设不导电、不燃烧的隔板，其间距不宜小于 0.1 m。

79. 货场电气防火措施有哪些？

答：(1) 货场的电气装置，应符合国家有关电气设计规范和施工安装验收标准的规定。

(2) 货场所用照明及电力线路应采用电缆埋地敷设，埋地深度不小于 0.8 m，且应有标志。

(3) 照明灯具应选用带罩防火灯。

(4) 动力机械所需的电源控制开关应设在金属开关箱内。

(5) 货物仓库使用新型照明灯具时，必须报经主管部门批准。

80. 电气设备事故防范措施有哪些？

答：（1）装卸机械电气设备金属外壳必须根据技术条件采取保护性接地或接零措施，接地电阻不宜超过 4 Ω。

（2）电动机开关、插座、熔断器等都必须装设防护罩或防护箱。

（3）电动机应独立装置分路开关和相应的保护装置，一组电动机或其他电器应装设分组的总开关和保护装置，各种用电设备保护装置应根据设备容量的大小选择。

（4）电线要架设在安全部位，免受物品的撞击、砸碰和车轮碾压。

（5）电气设备除经常检查外，每年至少应当进行两次绝缘遥测，发现可能引起打火、短路、发热和绝缘不良等情况时，必须立即修理。

81. 若沿铁路车站危险性场所平行架设电线时，应符合哪些要求？

答：（1）500 V 以下架空电线与危险性场所边缘的水平距离不小于电杆高度的 1.5 倍。

（2）10 kV 及以下架空电线与危险性场所边缘的水平距离不小于本线路的杆档距离，且最小距离不得小于 30 m。

（3）35 kV 及以下架空电线与危险性场所边缘的水平距离不小于本线路的杆档距离，且最小距离不得小于 150 m。

（4）在特殊情况下采取有效措施后，可适当减小以上距离，但在危险区域范围内架空线路的电杆上，不得安装易发生火花的设备。

82. 信号楼及信号设备电气防火措施有哪些？

答：（1）机械室、发电机室内不得存放易燃、可燃液体。需在邻近的房间内存放生产中必须使用的少量易燃、可燃液体时，应严格限制其储存量。在机械室内严禁使用易燃液体擦刷地板。

（2）机械室内不得进行清洗设备的操作。在机械室内用汽油等少量易燃液体擦拭接点时，应在设备不带电的情况下进行。如果擦拭时设备带电，则应有可靠的防火措施。要用塑料小瓶盛装汽油，防止其大量挥发。所使用的刷子的铁质部分，应用绝缘材料包严，防止碰到设备上短路打火，引起汽油起火。

（3）机械室内要尽量减少可燃物。拖把、扫帚、地板蜡等应放在固定的安全地点。在机械室、计算机室、操作室内严禁吸烟。在电气开关、插入式熔断器、插座附近和下方，以及电源线附近，不得堆放纸条、纸张等可燃物。

（4）各种信号设备的保护装置和报警设备应灵敏可靠，要经常检查维修。例如，熔丝熔断应及时查清原因，整修后再安装熔丝。

（5）信号楼内电缆槽应采用防火型盖板。信号机、箱、盒等室外信号器材和信号机械室内的防雷器材，其盒体均应采用不燃烧材料。

（6）信号楼内外设备及线路应符合一定要求。

83. 信号楼内设备及线路设置应符合哪些要求?

答：（1）按最大负载电流来选配电源导线和开关。

（2）电缆敷设应采用金属套管或选用阻燃电缆。

（3）电气设备和线路、开关的设置应避开可燃物质。

（4）电力、信号电缆穿过房间隔墙、楼板时，电缆应采用防火包带包扎，孔洞应采用防火堵料封堵。

(5) 电缆应敷设在电缆沟内，并有封堵措施，防止老鼠等小动物进入。

(6) 地表走线部位，应采取防护措施予以垫衬，防止机械性损伤。

(7) 电气设备应有良好的接地装置。

(8) 操作室如使用空调机，应安装插入式熔断器。熔断器和插座不应靠近窗帘，附近不应堆放可燃物。电源线应采用护套线或普通电线穿管，并不得靠近暖气管。

84. 信号楼外设备及线路设置应符合哪些要求?

答：(1) 引入线及配线不破皮、不老化、不漏胶。

(2) 配线整齐，绑扎良好，留有余量。

(3) 电线无伤痕，焊头焊接牢固（焊接时禁止使用腐蚀性焊剂）。

(4) 多股线与端子连接时，线头采用爪型线环或扎成环状，并垫以垫圈，线头根部套以塑料管。

(5) 一个端子柱上，最多允许接上三个线头并用垫圈隔开。

(6) 每个端子柱的上部，应用两个螺帽紧固。

(7) 引入、引出口处要堵塞良好，保持完整清洁，预防动物寄生。

(8) 自信号楼方向引来的电缆进入电缆盒主管，其他方向引来的电缆进入副管，并应尽量采取不使线位搞错的措施。

(9) 信号机、电锁器、电动转辙机的引入线应采用多股软线，中间不得有接头。引入线应采用蛇管或橡皮管引入，并在引入口处用胶带或塑料带包扎防护。臂板信号机、表示器的引入线采用橡皮或塑料电缆，引出口处须用胶带或塑料带包扎。

85. 哪些铁路生产场所应设防雷和防静电装置？

答：机务段、车辆段、动车段（所）、大型养路机械段的装卸油品设施（钢轨、输油管道、油罐、油泵房、鹤管、钢栈桥等）和洗罐所的洗罐棚（库）、油泵间、输油管道、储油设施等应设防雷和防静电装置。

86. 油库防爆、防静电、防雷有哪些措施？

答：油库防静电接地装置的接地电阻，不宜大于 100 Ω。油库内防雷接地、防静电接地、电气设备的工作接地、保护接地及信息系统的接地等，宜共用接地装置，其接地电阻不应大于 4 Ω。钢油罐必须做防雷接地，接地点不应少于 2 处。通过防雷接地降低雷击点的电位、反击电位和跨步电压。钢油罐接地点沿油罐周长的间距，不宜大于 30 m，接地电阻不宜大于 10 Ω。

87. 与架空线连接的信号设备应装有雷电防护设施，同时应符合哪些条件？

答：(1) 防护电路应将雷电感应过电压限制到被防护设备的冲击耐压水平以下。

(2) 正常情况下，防护电路不得影响被防护设备的工作。

(3) 采用多级防护时，各级防护元件要合理配置。

(4) 信号设备的防雷地线不应与电力系统、通信线路、房屋建筑的接地装置合用，当两个系统接地装置的接地体之间的距离达不到有关规定的要求时，应进行绝缘防护。

(5) 室内信号设备的防雷设施应集中设置，并宜与其他信号设备隔离。

第三章　铁路消防安全管理及应急处置

1. 铁路消防安全管理都有哪些基本规定?

答：(1) 消防安全责任人、消防安全管理人应定期接受消防安全专门培训。

(2) 消防设备设施应明确管理分界，落实巡查、检测、维修、保养等有关要求，确保消防设施完好有效。建筑消防设施每年应至少进行一次全面检测，检测记录应当完整准确、存档备查。

(3) 具有火灾、爆炸危险的场所应设置明显的警示标志，禁止吸烟、使用明火。

(4) 铁路货场、仓库、油库、人员密集场所、重点行车场所，以及其他具有火灾、爆炸危险的场所需动用明火作业时，应办理动火审批手续，人员密集场所须经本单位消防安全责任人同意，其他场所须经消防安全管理人同意。

(5) 消防控制室实行 24 h 值班制度，每班不少于 2 人，并持证上岗。

(6) 具有两个及以上消防控制室时，应确定主消防控制室和分消防控制室。

(7) 单一功能的消防控制室严禁穿过与消防设施无关的电气线路及管路。

（8）各单位应有计划地逐步改善消防基础设施，适应预防和扑救火灾以及人员疏散的需要。

（9）新造机车、客车、动车组，各种试验、检测等特种车辆及自轮运转特种设备，应通过采用新技术、新设备、新工艺，提高抗御火灾能力。

（10）机车、客车、动车组、发电车及其他特种车辆应配备火灾自动报警装置。客车、动车组应按规定配备灭火和逃生器材，并保持完好有效。

（11）运营客车改造为工务宿营车等局管路用车辆时，其内部间隔材料应采用不燃或难燃材料，用火用电应执行客车有关消防安全规定。

（12）铁路轮渡及供氧客车消防安全管理由铁路局集团公司自定。

（13）各单位应加强铁路特长隧道、地下及水下隧道、地下车站、特大型旅客车站，以及动车组检修库等特殊场所的消防安全管理，制定完善相关标准，提高应急处置能力。

2. 动车组旅客列车的火灾有哪些原因？

答：（1）违规操作、维护不当或电气故障引起电气火灾。

（2）旅客携带易燃易爆危险品被引燃造成火灾。

（3）吸烟丢弃的未熄灭烟蒂引燃可燃物。

（4）车轮制动盘摩擦生热引燃周围可燃物。

（5）人为弄火引发火灾。

3. 动车组旅客列车的火灾有哪些新特点？

答：（1）在与普通列车同样功能的装置和同样的防护条件下，动车组旅客列车更易出现故障而导致起火。

（2）动车组是高科技产品，集新技术、新工艺、新材料、新结构于一体，自身价值昂贵，发生火灾后将造成巨大的经济损失。

（3）动车组旅客列车高速行驶时，导致附近产生空气运动，即列车风。车速更高时，风速随之增长。通过隧道时，在隧道中所引起的纵向气流速度与列车速度成正比。列车风易使人员和设备失去平衡或吹落，造成意外事故引起火灾。而且，列车风使邻近的火种获得充足燃烧条件，使潜在的危险得以暴发。

（4）动车组旅客列车发生火灾时，由于动车组采用密接式车钩缓冲装置，无法摘解，或摘解时间长，火势能够沿着车厢延伸扩大。而且旅客必须及时疏散，否则当旅客携带的可燃行李被引燃时，会对人们的生命安全构成威胁。

（5）在客货混跑繁忙干线开行的动车组旅客列车，列车密度大，行车组织难，一旦发生火灾造成行车中断，将严重干扰铁路正常运输生产秩序。高速铁路又与地区经济的发展和城市化进程有着密切的联系，对经济发达、人口密集地区的作用尤为突出。

4. 动车组旅客列车消防安全管理方针及原则是什么？

答：动车组旅客列车消防安全管理贯彻“预防为主，防消结合”的方针，按照“国铁集团①统一领导，所属单位全面负责，职工群众积极参与”的原则，严格落实“管行业必须管安全、管业务必须管安全、管生产经营必须管安全”，以及“领导负责、分工负责、专业负责、岗位负责”的要

① 中国国家铁路集团有限公司，下同。

求，实行消防安全责任制。

5. 客运部门应履行哪些动车组旅客列车消防安全管理职责？

答：（1）建立健全并组织实施客运专业的岗位消防安全责任制、消防安全管理制度。

（2）组织客运专业开展消防安全检查，督促有关单位落实火灾隐患整改措施。

（3）对客运工作人员进行消防安全培训。

（4）组织客运工作人员开展上部客服设施状态检查。

（5）按规定组织动车组旅客列车运行途中防火巡查，对发现的可疑物品及时检查处置。

（6）采取多种形式向旅客开展消防安全注意事项和禁烟宣传工作。

（7）负责动车组旅客列车运行途中火灾现场旅客的应急疏散组织工作。

（8）参与动车组旅客列车火灾（情）事故（件）的内部调查处理。

6. 车辆部门应履行哪些动车组旅客列车消防安全管理职责？

答：（1）建立健全并组织实施车辆专业的岗位消防安全责任制、消防安全管理制度。

（2）定期组织开展动车组旅客列车消防安全检查。

（3）负责动车组旅客列车设备检修，确保达到出库质量标准。组织出库联检，检查确认设备状态，消除火灾隐患。

（4）开展动车组旅客列车运行途中防火巡查和终到后的安全检查、交接。

(5) 对车辆工作人员进行消防安全培训。

(6) 负责动车组旅客列车消防设施、器材的配备和维护管理。

(7) 开展消防技术攻关，改进动车组车辆设备的消防安全技术条件。

(8) 配合做好旅客应急疏散和组织工作。

(9) 参与动车组旅客列车火灾（情）事故（件）的内部调查处理。

7. 机务部门应履行哪些动车组旅客列车消防安全管理职责？

答：(1) 建立健全并组织实施机务专业的岗位消防安全责任制、消防安全管理制度。

(2) 加强对司机室的消防安全管理。

(3) 组织机务工作人员参加联检交接。

(4) 组织本务司机终到后（入所时为入所后）参加司机室安全检查并与动车组运用所地勤司机办理交接。

(5) 对机务工作人员进行消防安全培训。

(6) 配合做好旅客应急疏散和组织工作。

(7) 参与动车组旅客列车火灾（情）事故（件）的内部调查处理。

8. 安全监察部门应履行哪些动车组旅客列车消防安全管理职责？

答：(1) 依据消防法律法规和有关规定对动车组旅客列车消防安全工作实施监督检查，查处违章违纪行为，督促火灾隐患整改。

(2) 监督检查有关部门和单位动车组旅客列车消防安全

责任制、消防安全管理制度的落实情况。

（3）监督检查有关部门和单位对动车组旅客列车相关工作人员消防安全教育培训的落实情况。

（4）组织动车组旅客列车火灾（情）事故（件）的内部调查处理。

9. 保卫部门应履行哪些动车组旅客列车消防安全管理职责？

答：（1）组织指导客运、车辆、机务等部门制定有关动车组旅客列车消防管理制度，并督促落实。

（2）参与动车组旅客列车火灾（情）事故（件）的内部调查处理。

10. 消防安全小组在动车组旅客列车运行途中应履行哪些职责？

答：（1）认真贯彻执行上级有关消防工作的规定和工作部署。

（2）按分工分别组织乘务人员认真学习消防知识，达到“四懂四会”（懂得本岗位的火灾危险性、懂得预防火灾的措施、懂得扑救火灾的方法、懂得逃生的方法，会使用消防器材、会报警、会扑救初起火灾、会组织疏散逃生）。

（3）按岗位职责落实消防安全管理制度，督促乘务人员落实岗位消防安全责任制，及时消除火灾隐患。

（4）向旅客开展消防安全注意事项和禁烟宣传，对发现的可疑物品及时检查处置。

（5）动车组旅客列车发生火情及火灾、爆炸时，按照《铁路技术管理规程》和铁路火灾事故应急预案、高速铁路客运非正常情况应急处置办法等有关规定进行处置。

（6）建立动车组旅客列车消防安全台账。

11. 动车组旅客列车消防安全台账主要包括哪些内容？

答：（1）上级有关消防工作的文件（复印件或摘抄件）。

（2）动车组旅客列车消防安全小组名单。

（3）火灾事故应急预案及人员分工。

（4）消防安全小组会议记录和活动记录。

（5）客运乘务人员消防安全培训记录。

12. 动车组列车长岗位消防安全职责包括哪些？

答：（1）全面负责动车组旅客列车运行途中的消防安全管理工作，贯彻上级有关消防工作部署和要求。

（2）主持召开由随车机械师、客运乘务员、服务餐饮、随车保洁员等参加的消防安全小组会议，总结分析、安排布置动车组旅客列车运行途中的消防工作。

（3）检查督促客运乘务人员落实岗位消防安全责任制。

（4）组织客运乘务人员学习消防知识，达到“四懂四会”。

（5）动车组旅客列车运行途中按规定每 2 h 进行一次防火巡查，发现隐患及时妥善处置，劝阻违反消防安全行为。

（6）采取多种形式向旅客开展消防安全注意事项和禁烟宣传，对发现的可疑物品及时检查处置，组织乘务人员及时劝阻旅客吸烟行为，并按规定报告。

（7）动车组旅客列车发生火情及火灾、爆炸时，按照《铁路技术管理规程》和铁路火灾事故应急预案、高速铁路客运非正常情况应急处置办法等有关规定进行处置。

13. 动车组司机岗位消防安全职责包括哪些？

答：（1）认真执行操作规程，熟练掌握动车组旅客列车设备的性能和应急处置方法。

（2）出库前做好联检交接。

（3）动车组旅客列车运行途中做好电气设备、火灾自动报警控制设备的监控，发现报警按规定程序处置。

（4）动车组旅客列车发生火情及火灾、爆炸时，按照《铁路技术管理规程》和铁路火灾事故应急预案、高速铁路客运非正常情况应急处置办法等有关规定进行处置。

（5）学习消防知识，达到“四懂四会”。

（6）做好退乘前对司机室的安全检查和交接。

14. 动车组随车机械师岗位消防安全职责包括哪些？

答：（1）出库前按照作业标准检查确认电气、消防设施和器材的状态。

（2）动车组旅客列车运行途中按规定每 2 h 进行一次防火巡查，巡视、检查车辆电气、火灾自动报警控制器等设备，发现隐患故障及时妥善处置。

（3）动车组旅客列车发生火情及火灾、爆炸时，按照《铁路技术管理规程》和铁路火灾事故应急预案、高速铁路客运非正常情况应急处置办法等有关规定进行处置。

（4）按规定操作动车组旅客列车设备，指导客运乘务人员正确使用车辆设备，发现违章操作及时纠正。

（5）学习消防知识，达到“四懂四会”。

（6）做好动车组旅客列车终到后的安全检查和交接。

15. 动车组旅客列车客运乘务员岗位消防安全职责包括哪些？

答：（1）严格遵守动车组旅客列车消防安全规章制度，坚守岗位，落实岗位消防安全责任。

（2）在动车组旅客列车运行途中发现火灾报警及设备故障，及时向列车长或随车机械师报告。

（3）认真巡视车厢，发现旅客吸烟及时劝阻，并按规定报告。

（4）对发现的可疑物品及时检查处置。

（5）学习消防知识，达到“四懂四会”。

（6）动车组旅客列车发生火情及火灾、爆炸时，按照《铁路技术管理规程》和铁路火灾事故应急预案、高速铁路客运非正常情况应急处置办法等有关规定进行处置。

16. 动车组旅客列车餐饮服务、随车保洁员岗位消防安全职责包括哪些？

答：（1）遵守动车组旅客列车消防管理规定，落实岗位消防安全责任，严格按操作规程使用电器设备。

（2）发现消防安全隐患问题立即采取措施，并及时报告乘务人员。

（3）学习消防知识，达到“四懂四会”。

（4）动车组旅客列车发生火情及火灾、爆炸时，按照《铁路技术管理规程》和铁路火灾事故应急预案、高速铁路客运非正常情况应急处置办法等有关规定进行处置。

17. 动车组采用的非金属材料有哪些消防要求？

答：动车组采用的非金属材料（结构材料、装饰材料、保温材料、密封材料、管材等）必须是不燃、难燃材料，其燃烧性能和产烟毒性必须符合国家、行业和国铁集团有关技术标准。

18. 动车组旅客列车执行上部设备设施状态检查时，有哪些要求？

答：动车组旅客列车出库、终到后上部设备设施状态检查时，应对电气设备、消防设施和器材等设备及各部位的消防安全状况进行全面检查，确认状态良好。

19. 动车组旅客列车如何进行消防宣传?

答：(1) 动车组旅客列车全列各部位禁止吸烟。车厢内、卫生间应设置禁止吸烟标志。

(2) 应通过图形标志、电子显示、广播宣传等方式，向旅客进行禁止吸烟、严禁携带禁限物品，以及逃生知识、灭火器和紧急破窗锤使用方法等消防安全知识宣传。

20. 动车组旅客列车配备的冰箱、电茶炉等电器有哪些火灾预防措施?

答：餐车配备的冰箱、电烤箱、微波炉、电磁炉等电器及各车厢的电茶炉插座、插头安装牢固，保持清洁，周围不得放置杂物。餐饮炉具使用时，应有人监管，用后清洁，餐车离人断电。

21. 动车组旅客列车配备灭火器有何规定?

答：(1) 各车厢应配备手提式 2 kg ABC 干粉灭火器和 2 L 水基型灭火器各 2 具，应设置在车厢两端适当位置，安装牢固，便于取用。司机室按照动车组设计的灭火器固定安装位置，配备相应规格型号的灭火器。

(2) 加强灭火器日常管理，保证处于良好状态。灭火器应保持清洁，严禁搭挂物品，严禁挪作他用。

(3) 灭火器应按国家有关标准要求定期维护、维修和报废。

22. 在列车上查获的禁限物品如何处置?

答：在列车上查获的禁限物品由列车工作人员妥善保管，并根据物品性质按站车交接程序向前方停车站或车站派出所移交。对判明不了性质的物品，严禁在车上进行试验。

23. 动车组旅客列车火灾应急处置包括哪些内容?

答：(1) 各铁路局集团公司和有关单位应制定《动车组火灾事故应急预案》《车站处置动车组火灾事故应急预案》，定期组织培训演练，提高处置能力。

(2) 动车组旅客列车发生火灾时，事故现场的铁路工作人员应立即向邻近铁路车站、列车调度员报告，拨打119报警。各有关单位和部门接到报告后，应按规定逐级上报，迅速有效进行处置。

(3) 重联动车组旅客列车发生火灾需解编时，由随车机械师负责引导，司机确认并拉开安全距离。解编后，动车组应分别按规定采取防溜措施。

(4) 起火动车组旅客列车在区间停车时的扑救工作，在邻近车站站长（或胜任人员）和消防救援机构赶到前，由列车长负责组织。火灾扑灭后，列车长、随车机械师要对起火部位进行检查，确认火已完全熄灭，在确保安全的情况下，可继续运行。

动车组旅客列车在车站发生火灾或起火动车组旅客列车进站后，车站站长（或胜任人员）应组织指挥火灾事故应急处置，并立即启动车站处置动车组旅客列车火灾事故应急预案。消防救援机构到达后，火灾扑救工作由其统一指挥。

(5) 各有关单位和部门接到事故报告后，应立即按照预案响应程序，组织力量、调集救援物资装备赶赴现场，各尽其职，各负其责，保证事故救援有序、高效、快速进行。

24. 动车组旅客列车发生火灾后，应急处置的基本要求是什么?

答：(1) 快速反应。动车组火灾报警器报警或乘务人员、旅客报警时，列车长、客运乘务员和随车机械师要立即赶到报警车厢，确认火情，迅速扑救。

（2）正确处置。动车组旅客列车发生火情及火灾、爆炸时，按照《铁路技术管理规程》和铁路火灾事故应急预案、高速铁路客运非正常情况应急处置办法等有关规定进行处置。

（3）站车协同。车站接到动车组旅客列车火灾报告后，立即启动车站处置动车组旅客列车火灾事故应急预案，做好扑救准备，同时拨打 119 报警，并根据人员伤情适时拨打 120 医疗救援电话。车站接入起火动车组旅客列车后迅速组织扑救，疏散旅客，抢救伤员。动车组旅客列车在区间被迫停车时，车站应组织站区相关单位人员携带消防器材立即赶赴现场救援。

（4）保护现场。在扑救火灾的同时，铁路工作人员应维护现场秩序，防止发生混乱，禁止无关人员进入，保护火灾现场。未经事故调查部门同意不得擅自清理火灾现场。

（5）协助查访。铁路工作人员应协助事故调查部门调查火灾情况，积极提供线索。

25. 动车组旅客列车发生初起火情应如何处置？

答：（1）乘务员要沉着冷静，稳定旅客情绪，加强引导，迅速向两侧邻座、邻车厢疏散旅客，防止旅客擅自开窗开门跳车。

（2）视火情立即使用灭火器或水等进行扑救，来不及取灭火器时，就地取材实施灭火，同时通知邻近各车厢列车员迅速向起火车厢传递灭火器。

（3）及时通过邻车乘务员通知列车长、乘警、检车员

（随车机械师）赶赴火场。

（4）列车长应立即向上级机关和列车调度员报告事故情况。

26. 动车组旅客列车运行途中发生火灾、爆炸应如何处置？

答：（1）最先发现、到达现场的乘务人员应立即采取有效措施灭火，列车长组织全体乘务人员参加扑救，动车组司机坚守岗位，协同处理。

（2）接到列车长通知后的全体乘务人员，在列车长、乘警的统一指挥下，根据火情采取相应措施，疏散旅客，全力扑救，抢救伤员。

（3）列车长根据扑救情况决定是否停车处置、请求救援，及时汇报。

27. 动车组旅客列车发生火灾、爆炸，站车交接应如何处置？

答：（1）疏散旅客。动车组旅客列车到达车站后，打开车门，列车乘务人员协助车站将旅客疏散下车，及时安置到候车室或其他安全地带避险。

（2）对重点旅客站车应及时办理交接。

28. 动车组旅客列车运行途中发生火灾，乘务人员应采取哪些扑救行动？

答：（1）在列车长、乘警的统一指挥下，应本着先人员后财产的原则，有序组织乘务人员集中车内所有的灭火器材和可以灭火的其他物品，按预案分工，根据火灾现场实际情况，采取有效的灭火方案和扑救措施迅速展开扑救，控制火势，扑灭火源。

(2) 如衣物、棉絮、地板上的杂物等发生火情时，应首先选择用水或就地取材的方式扑救，不得击碎车窗通风，需使用灭火器时，应果断使用，以免延误扑救时机；电源支线处冒烟时，首先关闭电源或断开保险，使用水雾灭火器向冒烟或烧坏处扑救。

(3) 根据需要动车组司机向调度员要求停电。

29. 动车组旅客列车运行途中发生火灾，乘务人员应如何保护旅客安全?

答：(1) 乘务人员应迅速有序指挥旅客向邻近安全的车厢疏散，解救被火围困的旅客。对已经疏散的旅客，严禁返回事故车厢，根据旅客伤害程度及是否危及生命的情况，有计划地实施抢救，对仍处在危险中的旅客要首先抢救使其脱离险境。

(2) 组织人员、动员旅客中的医护人员参加抢救伤员，对伤员要根据具体情况采取止血简易固定、包扎等初期现场救护措施，为医院救治创造条件。

(3) 加强宣传，维持好现场秩序，防止旅客砸窗跳车和混乱等意外情况发生。

(4) 火情处理完毕后，指派专人监护，防止复燃。

30. 动车组旅客列车运行途中发生火灾，列车长和司机应如何处置?

答：(1) 列车长要迅速了解起火原因，正确判断火势情况，根据火灾、爆炸威胁行车和旅客人身安全的情况，及时做出是否需要停车处置的决定，危害程度较轻时，不应盲目停车。如需停车处置时，列车长可使用无线对讲机通知动车组司机，立即将列车停在安全、便于疏散、有利于扑救火灾的地带或车站。

（2）动车组司机及时报告所在局客专调度台。动车组旅客列车在区间被迫停车后，客运乘务组均应听从动车组司机指挥，处理有关行车、列车防护和事故救援等事宜。需下车处理或组织旅客疏散时由列车长向司机汇报，司机向所在局客专调度台汇报，接令后司机向列车长进行命令复述后，必须在办理邻线区间封闭后进行。

（3）列车长和动车组司机要尽快向事故发生地所在局客专调度台报告情况，根据火势情况，提出请求车站、当地消防部门或当地政府、驻军救援的要求。报告内容要简明扼要，主要包括车次、时间、区间、事故概括，火势情况要报告清楚。

31. 动车组旅客列车发生火灾，列车停车后应如何疏散旅客？

答：（1）列车停车后动车组司机立即打开非邻线侧车门或由随车机械师、乘务人员启动非邻线侧车门紧急开门装置打开车门，向地面安全地带疏散旅客。

（2）车内产生浓烟危及人员生命安全时，应立即使用安全锤击碎逃生窗玻璃，保持车内通风，必要时可利用非邻线侧逃生窗作为紧急出口，向地面疏散旅客（车内产生烟雾不危及人员生命安全，可提醒旅客将座椅上的头靠巾打湿捂住口鼻）。

（3）列车乘务员在动车组旅客列车停车后也应迅速到达起火车厢参加疏散旅客、扑救灭火工作。扑救时要集中所有人力和灭火器具、物品，将火势扑灭或控制在最小程度。

（4）在区间向车下疏散旅客时，乘务人员应组织、引导、帮扶旅客有序疏散，防止摔伤。当区间无站台疏散时，可利用列车应急梯组织旅客顺序下车，在车站疏散旅客时，应打开站台一侧车门疏散旅客，严禁打开背面车门组织旅客下车。遇重联编组时在司机统一指挥下按单编程序操作。

32. 动车组旅客列车发生火灾、爆炸后，应如何善后处置？

答：(1) 了解掌握旅客伤亡、财产损失情况。列车长要认真了解伤员人数及伤害程度，登记旅客姓名、性别、年龄、单位、地址、车票、身份证号码、其他证件及随身携带物品，并详细记录，为车站处置善后事宜提供依据、做好准备。

(2) 收集证据，提供线索，帮助公安部门调查。列车乘警要及时进行调查取证，证据材料要客观、翔实，为现场勘察、认定火灾原因创造有利条件。列车乘务人员要积极协助公安部门调查事故情况、提供线索。

(3) 协助车站处置善后事宜。列车长要将掌握的伤亡人员和旅客财产损失情况及相关记录，及时移交车站，以便车站尽快开展善后处理事宜。

33. 动车组旅客列车在特大桥梁发生火灾、爆炸时，应如何疏散旅客和扑救火灾？

答：(1) 列车乘务员应立即按下火灾报警按钮，使用无线对讲机将情况报告列车长，全体乘务人员就近携带灭火器（宜先用水雾灭火器）迅速到达现场实施扑救。

(2) 接到火灾警报，列车长立即赶赴火灾现场，在第一时间向动车组司机报告，同时，指挥在场的乘务组人员迅速组织旅客离开起火车厢，并根据火灾现场实际情况，利用灭火器和可以灭火的其他物品，采取有效的灭火方案和扑救措施迅速扑救、控制火势。已经疏散的旅客，严禁返回起火车厢。

（3）起火车厢旅客全部疏散完毕后，随车机械师、乘务人员互相配合，迅速关闭起火车厢两端防火隔断门。严禁打开起火车厢车窗、车门，防止火势迅速蔓延。同时，注意保护好火灾现场，稳定旅客情绪，维护车内秩序，防止旅客跳车等意外情况发生（由于疏散旅客将烟雾带至其他车厢时，可提醒旅客将座椅上的头靠巾打湿捂住口鼻）。

（4）情况紧急需利用逃生窗向地面疏散旅客时，列车乘务人员应立即使用安全锤击碎逃生窗玻璃（每辆客车室内四角各设置一个逃生窗，用安全锤连续敲击逃生窗上的红色圆点），在确认邻线无车通过，并做好安全防护后，开始向地面组织旅客疏散。疏散时，列车长和机械师要按照有关规定，在列车两端适当位置架设应急梯，并设专人在应急梯放置处所进行防护，组织旅客顺序从应急梯向车下转移、集结，防止旅客摔伤。

（5）动车组旅客列车不能继续运行，现场危及旅客安全，需引导旅客下桥梁疏散时，列车长接到司机转告客专调度员通知的现场疏散梯的位置、方向、距离，由列车长（或列车长指定的动车组乘务员）携带通信设备，随时保持与司机联系，组织旅客顺着起火车厢的反方向，向高架桥指定疏散梯处疏散。公安民警要做好事故现场的安全保卫工作。

34. 普通客车的火灾有哪些原因？

答：（1）客车附属的采暖装置、燃油锅炉、茶水锅炉和餐车炉灶的设备不良，或操作失误引发火灾。

（2）车体电气线路及设备不良，产生短路或局部过热，或操作不当引起短路、超载、接触电阻过大引发火灾。

（3）发电车柴油机、电气设施等发生故障导致火灾发生。

（4）闸瓦摩擦和新型客车制动盘抱死摩擦引发火灾。

（5）旅客、乘务员吸烟乱扔未熄灭烟蒂引燃可燃物；旅客携带或在行李、包裹内夹带危险品造成火灾；人为弄火引发火灾。

35. 普通客车的火灾有哪些特点？

答：（1）火势发展迅速。

（2）人员伤亡大。

（3）燃烧蔓延迅速。

（4）扑救难度大。

36. 为什么普通客车起火后火势发展迅速？

答：（1）其车体结构除行走部分、车体骨架、外包铁皮外，其他多数材料是由可燃物质组成的。车厢内墙板、车地板、天棚板含有数层胶合板；地板含有木材、沥青、油毡纸；保温材料是聚苯乙烯泡沫、聚氨酯等高分子材料。在高温下，这些材料热分解加剧，热分解产生的可燃气体引起更剧烈的燃烧和产生更多的热量。

（2）列车运行的速度与风速成正比，车速越快，风速越大，风助火势，使燃烧迅速扩大蔓延，必然加大了燃烧区内的氧气供给，也加快了热的传播，火势发展就更为迅速。

37. 为什么普通客车起火后人员伤亡大？

答：（1）短时间内产生大量的燃烧热。

（2）产生大量的烟。

（3）产生毒性气体。

38. 为什么普通客车起火后扑救难度大?

答：(1) 虽然每节车厢配备了灭火器，但只能扑救初起火灾，如不能及时控制，形成大的火势，灭火器便不能奏效。

(2) 列车运行中起火采取紧急停车措施，如停留在区间往往缺少消防水源和器材，难以及时得到地面扑救力量的有效施救。

(3) 车体结构无法通过破拆隔离火势，只能任其扩展蔓延。

(4) 车内发生火灾后，旅客惊慌失措，争抢逃生，不但不顾及救火，反而影响列车乘务人员组织灭火。

(5) 若车厢顶棚、墙板夹层内起火，在破拆、扑灭火源时，又使其得到了氧气的补充，反而会扩大燃烧面积。

(6) 起火后，在 5～7 min 时间内如不能将火势控制扑灭，就失去了战机，火势就会发展到非专业消防队扑救难以奏效的地步。

(7) 旅客携带行李、物品种类繁多，增加了燃烧物，给扑救工作增加难度。

(8) 列车提速后封闭线路和立交通道口增多，使消防、救护车辆难以靠近列车。

39. 空调客车的火灾有哪些新特点?

答：(1) 电气火灾隐患严重。

(2) 毒性气体对人的威胁增大。

(3) 人为因素更加突出。

40. 为什么空调客车火灾毒性气体对人的威胁更大?

答：空调客车采用了较多的高分子化合物，如聚氨酯、三聚氰胺、硅酸铝等，若发生火灾，这些物质会产生一氧化碳、氨气、一氧化氮、二氧化氮等毒性气体。而该车体的密封程度较高，车内仅通过车厢两端的空调气孔进行换气，气流在通道里循环流动以维持车体内气压前后平衡。这种通风结构对列车在快速行驶下维持车内气压平衡有很大的优点，但缺点是起火后产生的毒性气体不易排出，很容易造成旅客中毒窒息。

41. 客运部门应履行哪些普速旅客列车消防安全管理职责？

答：(1) 建立健全并组织实施客运专业的岗位消防安全责任制、消防安全管理制度。

(2) 组织客运专业开展消防安全检查，督促有关单位落实火灾隐患整改措施。

(3) 对客运工作人员进行消防安全培训。

(4) 按规定组织普速旅客列车运行途中防火巡查，对发现的可疑物品及时检查处置。

(5) 采取多种形式向旅客开展消防安全注意事项和禁烟宣传工作。

(6) 负责对餐车炉灶台面、墙壁、抽油烟机、排烟罩、烟道的表面可见部位油垢进行清理。

(7) 负责普速旅客列车运行途中火灾现场旅客的应急疏散组织工作。

(8) 参与普速旅客列车火灾（情）事故（件）的内部调查处理。

42. 车辆部门应履行哪些普速旅客列车消防安全管理职责？

答：(1) 建立健全并组织实施车辆专业的岗位消防安全

责任制、消防安全管理制度。

（2）定期组织开展普速旅客列车消防安全检查。

（3）负责车辆设备检修，确保运用客车达到出库质量标准，消除火灾隐患。

（4）开展普速旅客列车运行途中防火巡查和终到后的安全检查、交接。

（5）对车辆工作人员进行消防安全培训。

（6）负责车辆消防设施、器材的配备和维护管理。

（7）开展消防技术攻关，改进车辆设备的消防安全技术条件。

（8）负责清除餐车排风扇、车顶表面及烟筒帽不可见、需拆卸部位的油垢。

（9）配合做好旅客应急疏散和组织工作。

（10）参与普速旅客列车火灾（情）事故（件）的内部调查处理。

43. 机务部门应履行哪些普速旅客列车消防安全管理职责？

答：（1）建立健全并组织实施机务专业的岗位消防安全责任制、消防安全管理制度。

（2）加强对机车（司机室）的消防安全管理。

（3）组织机务工作人员参加动力集中动车组联检交接。

（4）组织机务工作人员在动力集中动车组终到后（入所时为入所后）参加机车（司机室）安全检查。

（5）对机务工作人员进行消防安全培训。

（6）配合做好旅客应急疏散和组织工作。

（7）参与旅客列车火灾（情）事故（件）的内部调查

处理。

44. 安全监察部门应履行哪些普速旅客列车消防安全管理职责？

答：(1) 依据消防法律法规和有关规定对旅客列车消防安全工作实施监督检查，查处违章违纪行为，督促火灾隐患整改。

(2) 监督检查有关部门和单位旅客列车消防安全责任制、消防安全管理制度的落实情况。

(3) 监督检查有关部门和单位对旅客列车相关工作人员消防安全教育培训的落实情况。

(4) 组织旅客列车火灾（情）事故（件）的内部调查处理。

45. 保卫部门应履行哪些普速旅客列车消防安全管理职责？

答：(1) 组织指导客运、车辆、机务等部门制定有关旅客列车消防管理制度，并督促落实。

(2) 参与旅客列车火灾（情）事故（件）的内部调查处理。

46. 普速旅客列车消防安全台账主要包括哪些内容？

答：(1) 上级有关消防工作的文件（复印件或摘抄件）。

(2) 列车编组及乘务人员概况。

(3) 列车消防安全小组名单。

(4) 火灾事故应急预案及人员分工。

(5) 消防安全小组会议记录。

(6) 客运乘务人员消防安全培训记录。

(7) 消防器材登记。

47. 普速旅客列车采用的非金属材料有哪些消防要求？

答：普速旅客列车采用的非金属材料必须是不燃、难燃材料，其燃烧性能和产烟毒性必须符合国家、行业和国铁集团有关技术标准。

48. 普速旅客列车执行设备设施检查时，有哪些要求？

答：普速旅客列车始发前，由乘务人员按照职责分工，对用火用电设备、消防设施和器材进行全面检查，运行途中重点检查，终到后彻底检查。检查情况由检查人员分别签字确认，严禁代签、漏签。

49. 普速旅客列车发现设备故障时，应如何处置？

答：对普速旅客列车始发前检查发现的设备故障，车辆部门应及时处置，消除隐患。对普速旅客列车运行途中发现不能当场处置的，应采取临时措施确保安全，按规定报告并如实记录。危及行车安全的，应立即停车处理。

50. 普速旅客列车灭火器配置和维修有哪些规定？

答：(1) 普速旅客列车车厢（双层旅客列车每层）配备 2 kg ABC 干粉灭火器和 2 L 水基型灭火器各 2 具。灭火器应设置在车厢两端适当位置（每端各 2 具）。

(2) 行李车、邮政车、餐车各配备 4 具 4 L 水基型灭火器，行李车配备 35 L 推车式水基型灭火器 1 具。行李车、邮政车的灭火器应设置在工作间内，餐车的灭火器应设置在餐厅，后厨没有直通餐厅门的餐车，可以在后厨内安设 2 具 4 L 水基型灭火器。

(3) 发电车配备 4 L 水基型灭火器 8 具，其中机房内 6 具，工作间 2 具。冷却间配备 25 kg 推车式 ABC 干粉（或 35 L 水基型）灭火器 1 具。

（4）普速旅客列车配备的灭火器应适应环境温度，适于扑救A类（固体）、B类（液体）、C类（气体）和E类（带电）火灾。挂具应采用套筒结构，安装牢固、便于取用，底部离地面一般不超过1 400 mm。

（5）动力集中动车组消防设备设施按《动力集中动车组运用维修规则》等有关规定配置。机车消防设备设施按《铁路机车运用管理规则》等有关规定配置。

（6）灭火器应按国家有关标准要求定期维护、维修和报废。

51. 普速旅客列车发生火灾、爆炸时应如何处置？

答：（1）立即停车。（2）疏散旅客。（3）迅速扑救。（4）切断火源。（5）设置防护。（6）报告救援。（7）抢救伤员。（8）保护现场。（9）协助查访。

52. 客运站发生火灾有哪些主要原因？

答：（1）旅客在行李中或在随身携带物品中夹带易燃、易爆危险物品进入站内，包装破损或渗漏，遇明火或受到摩擦撞击而发生燃烧或爆炸。

（2）用电负荷过大、用电设备使用不当或发生故障、电路老化等引起电气火灾。

（3）站内违规吸烟乱丢烟头，取暖炉、茶炉及其他明火引燃可燃物。

（4）商场、售货摊位、快餐店、旅店、小件寄存处发生火灾殃及车站。

（5）站内其他生产、维修车间违章动火不慎引起火灾。

（6）车站信号楼等因雷击引起火灾。

（7）因犯罪分子纵火等其他偶然因素引起火灾。

53. 特大型客运站灭火的不利因素有哪些?

答:(1)车站建筑内的不可分隔的巨大空间,以及建筑内的各种竖井、楼梯间、电梯井等大量开口,都可能成为火灾蔓延的途径,从而导致大面积燃烧。

(2)车站建筑体形大、周边长,使火灾扑救面受到限制。

(3)车站建筑体量大、通道复杂、人员疏散距离较大、人员密集,且不固定人群对现场的环境不熟悉,加之火势蔓延不易控制,都会对人员的安全疏散带来不利影响。

54. 客运站的火灾有哪些特点?

答:(1)旅客的人身安全受到威胁。铁路车站是人员高度密集的公共场所,并且人员结构复杂,不同性别、年龄和身体状况的旅客混杂在一起,再加上旅客携带行李众多,给火灾安全疏散带来了困难。另外随着经济的发展,车站功能更加完善、结构更加复杂,一些功能各异的区域设在同一场所里并进行了分割处理,往往会造成疏散路线的迂回曲折,给人员的逃生带来很大的困难,严重威胁旅客的人身安全。

(2)经济损失较多。铁路车站建筑一般是一个城市的窗口,其设计样式新颖、建筑结构复杂,车站的设计建造费用昂贵;此外站内还有各种先进的控制、监视和用于行车安全的保障设备,一旦发生火灾事故,容易造成车站建筑的坍塌,造成巨大的经济损失。另外,旅客携带的行李、物品多,在火灾疏散过程中容易受到严重损失。

55. 客运站日常消防安全管理工作有哪些?

答:(1)检查工作场所的设备设施。

(2)检查职工现场作业情况。

（3）提高车站工作人员应急能力。

56. 工作场所日常消防安全管理应检查的设备设施主要有哪些？

答：（1）检查售票机房、行包房、候车室和其他重点处所的电线线路布线是否规范，电线是否裸露。

（2）检查客运站各处所消防设施是否齐全、作用良好、标志醒目，消防通道是否畅通。

（3）检查灭火器是否检修合格、有效、定位。消火栓、水龙带、水枪等消防器材是否完整齐全、定位存放、作用良好。

（4）检查应急照明灯是否配备齐全、作用良好。

（5）检查消防自动报警、喷淋灭火装置等消防设施是否每年检测维护，并保证状态良好。

57. 客运车站商场、售货摊位消防管理有哪些要求？

答：（1）商业网点的设置要符合《建筑防火通用规范》（GB 55037）的要求。

（2）禁止柜台内的营业人员吸烟，商场内应设置“禁止吸烟”标志。柜台内须保持整洁，废弃的包装纸、盒等可燃物不得抛撒于地面，应集中并及时进行处理。

（3）经营指甲油、摩丝、蜡纸和小包装的汽油、酒精、丁烷气等易燃危险物品的柜台，对进货量应加以限制。

（4）电气线路和设备安装必须符合低压电气安装规程的要求。在吊顶内敷设电气线路，应选用铜芯线并穿金属管，接头必须用接线盒密封。

（5）商场为更新、改建或房屋设备检修，以及安装广告装置而用电、用火和使用油漆等易燃危险物品时，必须有严密的防火措施，特别是进行焊接、切割作业时，必须经过严格的动火审批手续，落实防火措施，方可进行作业。

（6）为了保证旅客安全疏散，商场的楼梯、通道必须保持畅通，不得堆放商品和物件，也不得临时设摊推销商品。在出口处 3 m 以内禁止停放车辆。做好引导旅客安全疏散的录音、广播准备，以便在紧急需要时播放。

58. 客运站发生火灾应如何应急处置？

答：（1）车站发生火情时，客运值班员及时向上级报告，并按处理火灾、爆炸事故规定要求，根据当时实际情况采取有效措施，紧急处理，最大限度地减少伤亡和损失。在扑救的同时，及时向消防部门报火警。

（2）稳定候车旅客情绪。客运人员赶赴现场，加强宣传，稳定旅客情绪，防止意外事故发生。

（3）疏散旅客。确定疏散人员物资安全出口、疏散线路，迅速疏通安全通道和疏散起火部位周围的旅客，以便于扑救。

（4）及时扑救。选用起火地点附近适当的灭火器紧急扑救，及时灭火，减少损失。

（5）切断电源。客运人员迅速切断起火附近电源，防止火势蔓延。

（6）保护现场。火灾扑灭后，彻底清理检查，防止余火复燃。保护现场，协助有关部门查明起火原因和损失程度。

59. 货物列车发生火灾有哪些主要原因？

答：（1）外来火源引起火灾。

（2）货物自燃。

（3）货物振动摩擦产生热量引起火灾。

（4）危险品事故引起火灾。

（5）油罐车油品泄漏事故引起火灾。

（6）电力机车牵引时电力接触网产生的电弧引起火灾。

（7）高坡区段闸瓦剧烈摩擦生热引发火灾。

（8）押运人员或扒乘人员吸烟弄火引起火灾。

（9）人为放火。

（10）行车事故引起火灾。

60. 货物发生自燃有哪些原因？

答：（1）由于包装破损，空气作用于物质上而自行燃烧。某些危险物品易被空气氧化而放热，如黄磷。

（2）易分解的化学物品在装运中或调车过程受摩擦、撞击而分解放热引起燃烧，如硝酸纤维素制品。

（3）有些物质遇水或遇潮自燃，如碱金属、碱金属氢化物、硼烷等。

（4）违反规定混装，泄漏物品相互混合时自行燃烧，如易燃物与强氧化剂的混合等。

（5）自燃货物和炽热货物散热条件不好引起火灾，如煤、棉包等。

61. 油罐车油品泄漏有哪些原因？

答：（1）油罐车油品超载，遇气温上升会使液体及油蒸气膨胀，很容易在运行中由于颠簸晃动而溢出，或者冲破孔盖外溢。

（2）油品严重欠载，又未采取防簸的措施，在列车运行中会在纵向力的作用下或在弯道离心力的作用下产生强烈的罐内簸动，导致冲破孔盖外溢。

（3）油罐车技术状态不良，罐、盖、阀、垫、制动装置等发生变形和配件丢失、缺损等导致油品渗漏、外溢。

62. 货物列车的火灾都有哪些特点？

答：(1) 火灾多数发生在运行状态下。

(2) 火灾初起阶段不易发现。

(3) 扑救火灾困难。

63. 为什么货物列车扑救火灾困难？

答：(1) 货物列车燃烧形成得快，扩展迅速，燃烧猛烈，不仅沿车辆自前向后蔓延，而且未燃尽的带火物质颗粒会被吹落到邻车或线路两侧及后部车辆上，沿铁路线形成一带状飞火范围。而货物列车上的灭火器材和人员有限，灭火力量严重不足。

(2) 站停货物列车起火，站区铁路线路多、停留车辆多，道路狭窄，消防车不易靠近；倘若货物列车运行在区间发生火灾，交通不便，又缺乏水源、灭火器材、工具和扑救人员，只能分解列车，甩下着火车厢，等待救援。

64. 内燃机车消防安全管理工作有哪些要求？

答：(1) 司机必须认真执行机车操作规程，学习并贯彻执行机车防火措施。

(2) 内燃机车出库前，司机必须对机车防火安全状态和灭火器进行检查，在技术状态良好的情况下方可启动运行。内燃机车柴油机启动后，特别是高负荷时，要加强对机械间的巡视，要经常瞭望机械间，发现异常情况及时处理。内燃机车在运行中，副司机要按规定巡视，发现问题及时处理。

(3) 机械间、电气间要保持干净无杂物，及时消除各处漏油现象。因工作需要带汽油、酒精等上车作业时，要特别小心。用后立即送下机车，并擦净残迹。油棉纱应存放到专门的铁箱内。应定期清除机车排气装置喷出的油烟和积炭。

（4）要配备充足的灭火器材，并放置在醒目易取的地方。乘务员要熟悉车上各种灭火器的性能和使用方法。

（5）按规定要求合理使用熔断器，烧损时要认真记录。经常检查电动机、电气设备和电气线路，紧固松动的接点，包扎破损绝缘，消除虚接、短路现象。严禁擅自加设电线。定期检查蓄电池，消除漏电、接线松动等现象。及时更换工作状况不良的电气导线和元件。

（6）严格按规定进行柴油机甩车，定期清扫消音器及其排污管和废气支管，彻底铲除油垢、积炭，柴油机消音器、排烟管不得破损，增压器进风筒的帆布罩必须用石棉布包扎严密，保持完好。及时补充、包扎隔热材料。

65. 电力机车消防安全管理工作有哪些要求？

答：（1）变压器室、电抗器室、高压室要防止外来水和灰尘的侵入，并防止小动物进入电力机车。

（2）电力机车司机室、高压室不得有杂物。不准有临时架设的电气明线。

（3）电动机、电器、线路、灭弧罩不得破损、松动、绝缘不良。

（4）严格遵守安全操作规程。电动机通电后不转，应立即关闭电源检查和排除故障。电动机连续启动次数不能太多。

（5）严禁攀登车顶作业，如确需作业时，须在指定的线路上，将接触网停电接地后，方准进行。

（6）配备灭火剂不导电、不污损的灭火器。

66. 装载货物车辆有哪些防火安全要求?

答:(1) 按承运货物性质选配车辆。

(2) 装载危险货物的车辆,必须符合运输危险货物的规定。

(3) 铁路罐车、罐式集装箱及其他容器应当封口严密,安全附件设置准确、启闭灵活、状态完好。

(4) 企业自备车辆进入国铁营业线路编入货物列车时,车辆技术状态和装载条件,必须符合铁路有关货物运输防火安全规定。

67. 货物装载过程有哪些防火安全要求?

答:(1) 货物包装必须完整,符合防火要求方准装车,严格执行配装限制。

(2) 零散货物快运、货物混装运输发送的办理站应按规定对货物进行安全检查,防止匿报、夹带危险货物。

(3) 货物装载时应根据货物体积、重量、性质,合理确定装车顺序、装车区域,做到大不压小、重不压轻、稳固整齐,容易积热的货物距车顶部应留有适当空间。

(4) 凡装运钢锭、焦炭、炉灰等易含有火种的货物和装车前温度较高、易发生自燃的货物,装车前应采取冷却、测温等措施。

(5) 禁止运输腐朽木材。

(6) 铁路货场货运员应认真执行监装、监卸责任制,防止发生普通货物中夹带易燃易爆危险物品。装卸作业中严禁明火照明和吸烟。

68. 编解作业有哪些防火安全要求?

答:(1) 编组调车作业中,对装有危险货物的车辆,必须严格执行有关禁止溜放、限速连挂、编组隔离等规定。

（2）编组站（场）应根据需要设置固定的装载爆炸品、气体类危险货物车辆的停留线。停留线附近不得有杂草和其他易燃物，严禁明火作业。

（3）机械冷藏车（车组）由配属单位负责防火管理。列车上的柴油发电机组、蓄电池、储油设备、电控装置、炉灶，必须符合防火安全要求，确认良好后方准挂运。

69. 货物列车站车交接有哪些防火安全要求？

答：（1）货运员、货运检查员应按规定认真检查货物列车车辆门窗关闭（需通风的货物除外），危险货物车编组隔离，篷布苫盖、捆绑是否符合规定，以及罐车有无泄漏，罐盖是否关闭良好，并向押运人员宣传防火注意事项。

（2）在专用线（专用铁路）装载的列车（车辆）或托运人自行装载的车辆，车站应按要求做好交接检查。

（3）应加强货物列车防火安全检查，对检查中发现存在火灾隐患的车辆应及时按规定处理，做好记录并通报有关单位。对有严重火灾隐患的货车应甩下处理。

（4）检查装有易燃易爆危险货物的车辆禁止用明火照明，检修装有可燃货物车辆时禁止使用电、气焊及其他喷火花的工具。

70. 货物列车运行中有哪些防火安全要求？

答：（1）需押运时，托运人应派熟悉货物性质的人员押运，押运人应根据需要携带消防器材及必要的工具。各类押运人员严禁在岗吸烟、生火、点燃蚊香、携带危险品等违禁物品。

（2）机车乘务员应认真执行机车防火有关规定。有关行车人员要认真瞭望，注意观察列车运行状态，发现火情立即通报有关部门，并采取相应措施，迅速扑救。

（3）列车在高坡区段运行时，机车乘务员应按规定的操纵示意图操纵机车，动力制动和空气制动联合使用，防止闸瓦磨托引起火灾。

71. 货物列车发生火灾应如何处置？

答：（1）货物列车运行中发生火灾时，必须立即选择适当地点停车灭火，停车地点应尽量避开特大桥梁、长大隧道、重要设施等处，尽可能选择靠近车站、道口、水源等有利于扑救的地点停车。司机立即通知两端站、列车调度员，车站不再向区间放行列车，并通知邻线及后续相关列车停车。电气化区段，现场需停电时，应立即通知供电部门停电。

（2）列车需要分隔甩车时，应根据风向及货物性质等情况而定。一般为先甩下列车后部未着火车辆，再甩下着火车辆，然后将机后未着火车辆拉至安全地段。对甩下的车辆，在车站由车站人员负责采取防溜措施；在区间由司机负责采取防溜措施。

（3）货物列车发生火灾，在车站由站长负责指挥灭火工作；发生在区间，接到列车发生火灾通报的车站，要迅速通知消防队，赶到现场组织扑救工作，并可调用站区各单位的运输工具和消防器材。

（4）扑救火灾时，应通过列车编组顺序表核对着火车辆所装货物的品名，根据货物性质，采取正确方法扑救。

（5）对发生火灾的车辆，必须彻底扑灭，特别是对棉花、麻、毛等类物品，要彻底检查，消灭潜伏火种。

（6）火灾扑灭后，确认线路清理完毕，完全具备开车条件，报告两端站、列车调度员后，方可继续运行。不能继续运行时，须及时请求救援。

72. 货运仓库的火灾有哪些原因？

答：（1）火源较多易引发火灾。

（2）电气设备故障引起电气火灾。

（3）进入仓库货物夹带火种。

（4）货物自燃。

（5）管理不善、违章作业造成火灾。

（6）因雷击引发火灾。

（7）人为弄火或纵火。

73. 货物列车的火灾都有哪些特点？

答：（1）火势蔓延迅速、燃烧猛烈。

（2）火灾破坏力度大。

（3）火灾扑救难度大。

（4）火灾损失严重。

74. 货场、仓库有哪些消防安全管理要求？

答：（1）铁路货场、仓库防火应严格执行《仓库防火安全管理规则》《仓储场所消防安全管理通则》等相关规定。

（2）铁路货场、仓库等仓储场所内禁止吸烟、使用明火，严禁燃放烟花爆竹，并应设置明显的警示标志。

（3）汽车、拖拉机不应进入甲、乙、丙类火灾危险性物品的室内储存场所；进入甲、乙类火灾危险性物品室内储存场所的装卸机具应为防爆型；进入丙类火灾危险性物品室内储存场所的装卸机具应安装防止火花溅出的安全装置。

（4）铁路货运仓库属综合性中转仓库，其储存货物危险性分类，危险货物按甲类管理，其他普通货物均按丙类管理。

(5) 危险货物应按性质要求存放在指定的仓库、雨棚等场地。

(6) 库存及露天存放的货物应分类、分批、分垛码放。

(7) 危险货物应按规定标准包装。在铁路货场仓库储存时，应严格检查包装，确保外包装符合铁路危险货物包装标准规定，外包装无破损、货物无泄漏方可入库。

(8) 甲、乙、丙类物品的室内储存场所其库房布局、储存类别及核定的最大储存量不应擅自改变。如需改建、扩建或变更使用用途的，应依法向住房和城乡建设主管部门办理建设工程消防设计审查、验收或备案手续。

(9) 危险货物仓库不应敷设在建筑物的地下室和半地下室内，库内不得设置办公室、休息室。普通货物仓库内不得设置休息室，设置办公室时，与库房之间必须采取防火分隔措施。

(10) 危险货物的受理、装卸、储存和运输，应严格执行《铁路危险货物运输管理规则》《铁路货物装卸安全技术规则》等有关规定。

75. 库内及露天存放的货物应如何码放?

答：(1) 库内存放的普通货物每垛占地面积不大于 100 m^2，危险货物每垛占地面积不大于 50 m^2。

(2) 垛与垛间距不小于 1.0 m，垛与墙间距不小于 0.5 m，垛与梁、柱的间距不小于 0.3 m，垛与照明灯之间的距离不小于 0.5 m，主要通道宽度不小于 2.0 m。

(3) 货物堆码不得阻挡消防车通道，不得埋压、圈占、遮挡消防设施和器材。

(4) 露天存放的货物垛与垛间距不应小于 4.0 m。

(5) 室外存储区不应堆积可燃物，并应控制植被、杂草生长，定期清理。

76. 货运仓库防火具体有哪些电气管理要求?

答:(1) 货物仓库的电气装置，应符合国家有关电气设计规范和施工安装验收标准的规定。危险货物仓库、油库的电气和防雷装置，应符合《爆炸危险环境电力装置设计规范》《建筑物防雷设计规范》等有关规定。

(2) 货物仓库使用新型照明灯具，必须报经主管部门批准。仓库内照明设备的开关、配电盘必须安装在库外，禁止使用不合格的保险装置。仓库内敷设的配电线路，应穿套金属管或难燃硬塑料管保护。

(3) 仓库内不得超负荷用电，不得使用电炉、电烙铁、电熨斗、电热水器、电暖器、电饭锅、微波炉等电热器具和电视机、电冰箱等家用电器。

(4) 存放危险货物和易燃货物的仓库内不准安装使用移动照明灯具，应使用专用的防爆型库房灯具。

(5) 装卸作业时，货车内使用的移动式照明灯具应采用安全电压，其变压器、开关、电源插座不准安装在库内。

77. 货运仓库防火具体有哪些器材管理要求?

答:(1) 仓库内应当按照国家有关消防技术规范，设置、配备消防设施和器材。

(2) 消防器材应当设置在明显和便于取用的地点，周围不准堆放物品和杂物。

(3) 仓库的消防设施、器材，应当由专人管理，负责检查、维修、保养、更换和添置，保证完好有效，严禁圈占、埋压和挪用。

（4）甲、乙、丙类物品国家储备库、专业性仓库及其他大型物资仓库，应当按照国家有关技术规范的规定安装相应的报警装置，附近有公安消防队的宜设置与其直通的报警电话。

（5）对消防水池、消火栓、灭火器等消防设施、器材，应当经常进行检查，保持完整好用。地处寒区的仓库，寒冷季节要采取防冻措施。

（6）库区的消防车道和仓库的安全出口、疏散楼梯等消防通道，严禁堆放物品。

78. 货场发生火灾，应如何处置？

答：（1）火灾报警。货场、仓库发生火灾时，应立即向当地公安消防部门报警并向单位管理人员报告。火灾报警应简要明确报告着火单位、火灾发生准确位置、火势大小、燃烧物质、报警人姓名及联系电话等，同时派员引导消防车及消防人员及时进入火场施救。

（2）应急疏散。发生火灾，首先是救人并疏散群众，尽可能减少人员伤亡。疏散场内无关车辆及运输物资，隔离火场周围易燃物。发现伤势严重人员，迅速通知医院急救。

（3）迅速施救。按照火灾应急处置预案，使用仓库设置的灭火设施、器材，根据火灾现场实际情况，在保证人身安全的前提下，根据燃烧货物的性质，按照正确有效的灭火方案和火灾扑救措施扑救初起火灾。对建有消防水池、设置消防水泵的，由专人负责消防给水、加压，并引导消防队，指明消火栓位置，配合消防队员现场扑救。

（4）减少损失。灭火救援中要千方百计防止火势蔓延，抢救仓库中货物和物资，并尽可能减少次生灾害。

（5）事故处理。火灾事故责任以公安消防部门认定的起火原因为依据，事故处理按《铁路货物损失处理规则》执行。

79. 铁路客车停留存放消防安全管理有哪些基本规定？

答：（1）各铁路局集团公司应按“相对集中，易于看守”的原则，合理规划、设置铁路客车停留存放场所。

（2）动车组、客车、路用客车停留存放期间必须进行看守。各铁路局集团公司应制定看守制度，明确责任主体，完善安全设施，加强考核监督，落实看守措施，确保消防安全。

（3）运输、机务、工务、电务、供电、客运、车辆等业务部门应加强停留存放动车组、客车、路用客车的消防安全管理，组织实施看守工作，定期检查，严格考核，落实责任。

（4）铁路客车停留存放场所与周围建筑物的防火间距应符合消防规范的规定，设置消防车道，并与公路、道路连通，保持畅通。

（5）铁路客车停留存放场所应配备相应的消防设施、器材，交通、通信工具，以及监控等安防设施，落实维护保养制度，确保完好有效。

（6）铁路客车停留存放场所应实行封闭式管理，防止闲杂人员进入。

（7）及时清除停留存放铁路客车周围的杂草、垃圾，严禁在站场内焚烧杂草、垃圾。

（8）负责看守停留存放铁路客车的人员必须经过消防安全教育和培训，达到“四懂四会”（懂得本岗位的火灾危险性、懂得预防火灾的措施、懂得扑救火灾的方法、懂得逃生的方法，会使用消防器材、会报警、会扑救初起火灾、会组织疏散逃生），具备应急处置能力。

（9）看守人员防火巡查每 2 h 不少于 1 次，发现异常，立即报告，妥善处置。严禁当班睡觉、饮酒、打牌和擅离职守。保洁人员作业完毕后，必须下车。

（10）铁路客车看守应建立工作台账，内容包括：交接班登记、防火巡查记录、监督检查记录等。

（11）针对节日和季节性特点对铁路客车停留存放场所周围群众开展消防安全宣传，加强看守工作，防止燃放烟花爆竹、烧荒引发火灾事故。

（12）加强铁路客车停留存放场所治安综合治理，及时清理闲杂人员。

80. 铁路客车看守管理有哪些规定？

答：（1）动车组和客车终到或入库后，由列车长、随车机械师或车辆乘务员对全列进行检查，确认设备状态正常，无遗留火种和闲杂人员。入库作业完毕后，应全列断电、关闭车门。

（2）动车组在动车组运用所停留存放时，由动车段（所）负责看守。动车组出动车组运用所后停留期间，车下由铁路客车停留存放场所所属单位负责，看守人员不得上车。

（3）运用客车在客车技术整备所（客技站）停留存放期间，车下由车辆段负责看守。运用客车出客车技术整备所

（客技站）后停留期间，车下由铁路客车停留存放场所所属单位负责，看守人员不得上车。车内使用燃煤炉、灶且处于点火（压火）状态时，由客运部门负责车内看守，行李车、邮政车等有处于点火（压火）状态的燃煤炉、灶时，由使用单位派人看守。

（4）备用客车由铁路客车停留存放场所所属单位负责看守。下线客车存放前必须进行消防安全检查，按有关规定办理交接，切断电源，灭火清灰，封闭锅炉、茶炉间门，锁闭门窗。

（5）路用客车（含试验、检测、维修车，大型机械化养路用车、工务宿营车等）停留存放期间由使用单位负责看守。

81. 路用客车停留存放期间使用单位看守有哪些要求？

答：（1）定时巡视车厢，检查门窗锁闭情况，防止闲杂人员进入。

（2）检查车内用火用电设备、消防设施和器材，及时发现并消除隐患。

（3）检查餐车、发电车等重点部位值班人员在岗情况和设备运行情况，并做好记录。

（4）督促车上人员遵守消防安全管理规定，制止违章行为。

（5）在基地存放前必须进行消防安全检查，断电灭火，锁闭门窗。

82. 铁路客车停留存放场所消防设施、器材应符合哪些规定？

答：（1）设置消防给水系统。消防给水管道应采用环状，消防用水量不应小于 20 L/s，水枪充实水柱不应小于 10 m。除按规定沿消防车道设置室外消火栓外，应每隔两条线在股道间设置口径为 65 mm 的双阀双出口消火栓，其间距不应大于 50 m，并按规定配备水带、水枪。

（2）动车组运用所、客车技术整备所（客技站）、客车集中存放场所应设置视频安防监控系统（具备火灾探测报警功能）和消防广播系统。

（3）在合理位置设置消防点。消防点不应少于 2 处，每处配备 35 kg 推车式 ABC 干粉和 35 L 水基型灭火器各 5 具（喷射软管长度不应小于 10 m）、4 kg 手提式 ABC 干粉和 6 L 水基型灭火器各 10 具，过滤式消防自救呼吸器 5 具，消防斧 2 把，消防梯 2 个。

（4）动车组运用所、客车技术整备所（客技站）、客车集中存放场所应配备巡逻车（微型消防巡逻车），车上配备 4 kg 手提式 ABC 干粉灭火器 5 具、消防斧 1 把、折叠梯 1 个。

（5）看守人员应配备应急通信器材。

83. 办公场所发生火灾有哪些主要原因？

答：（1）吸烟不慎。吸烟是引发办公场所火灾的主要原因。烟蒂等细小火源温度可达 800 ℃以上，容易引燃布、棉、麻、丝及纸张。

（2）电气故障。办公场所内有大量的办公、生活电气线路和电器设备，耗电量大，容易出现电气设备过载运行、电气线路接头接触不良、电气线路短路等现象，如果使用、管理、维护不当，就会引发火灾事故。

（3）明火管理不严。维修建筑和设备，进行电气焊、烘烤、切割等明火作业过程，不遵守相应安全管理制度，未采取有效的防火措施，飞溅出的大量火星和熔渣引燃周围可燃物，进而引发火灾。

84. 办公场所的火灾有哪些特点?

答:(1) 燃烧猛烈。

(2) 蔓延迅速。

(3) 烟雾弥漫。

(4) 被困人员多。

(5) 易形成立体燃烧。

(6) 疏散难度大。

(7) 扑救困难。

85. 办公场所有哪些消防安全管理要求?

答:(1) 办公室、楼道内禁止吸烟，在规定区域吸烟。

(2) 及时清理办公室内外的各种易燃物品，如废纸、垃圾等。

(3) 正确使用办公室电器设备，不乱接电源线，不超负荷用电。

(4) 定期检查电线及用电设备，及时更换老化电器设备和线路。

(5) 将智能电器的电源管理设成省电模式，不用时自动“休眠”降低功耗，避免产生火灾隐患。

(6) 下班时关闭电源开关，确保人走电断。

(7) 不在走廊、楼梯口等处堆放杂物，确保通道和安全出口的通畅。

(8) 不损坏或堵塞消防设施、器材，熟知办公场所的应急逃生路线图。

(9) 定期组织职工进行消防演习。

86. 办公场所的火灾应如何处置？

答：（1）办公大楼内任何人员发现火情后，应立即大声呼喊报警并按下附近的手动报警按钮（或拨打电话）向本单位消防保卫部门报告火情。

（2）消防控制室值班人员接到报警信号后，应立即切断失火楼层电源，并关闭空调，将电梯迫降到一楼，启动消防水泵，打开消防器材室，并拨打 119 火灾报警电话。汇报本单位有关部门、应急领导小组（办公室）。

（3）消防控制室派出值班人员或保安人员到达报警部位，根据实际情况利用附近的灭火器材扑救初起火灾。

（4）办公大楼楼层消防警铃报警后，各部门负责人应立即组织本部门人员及来访客人迅速从大楼两侧疏散楼梯撤离（严禁搭乘电梯撤离），撤离人员在撤离时应关闭楼道内的防火门。值班人员应确认楼道防火门已关闭并做好防烟及随时撤离的准备。如火灾直接威胁到值班人员生命安全时，应立即疏散到安全地点。

（5）当人员疏散到户外安全地带后，各部门应及时清点人数，并向现场单位领导报告疏散情况。

（6）应急领导小组、消防应急工作组应立即组织本单位义务消防员及其他抢险救援人员开展火灾扑救等应急处置工作。

（7）公安消防人员到达现场后，在本单位应急领导小组与消防应急工作组的指挥、组织下，全力配合开展现场应急处置。

第四章　铁路消防设施、器材配置及使用

1. 什么是消防设施?

答：消防设施是指火灾自动报警系统、自动灭火系统、消火栓系统、防烟排烟系统，以及应急广播和应急照明、安全疏散设施等。

2. 火灾自动报警系统由哪些部分组成?

答：火灾自动报警系统由触发装置、火灾报警装置、联动输出装置及其他具有辅助功能装置组成。

3. 火灾自动报警系统是怎样运行的?

答：发生火灾时，由触发装置发出报警信号，火灾报警控制器接收到报警信号，就会以声、光形式通知人员疏散。

4. 火灾声光报警器有什么作用?

答：火灾声光报警器用于事故现场进行声音报警和闪光报警，尤其适用于报警时能见度低或事故现场有烟雾产生的场所。

5. 火灾探测器有什么作用?

答：火灾探测器的作用是监视环境中有无火灾发生。一旦有了火情，就将火灾的特征物理量，如温度、烟雾、气体和辐射光强等转换成电信号，并立即动作向火灾报警控制器发送报警信号。

6. 手动火灾报警按钮有什么作用?

答：手动火灾报警按钮是手动触发装置，按下按钮上的有机玻璃片，可向火灾报警控制器发出信号。火灾报警控制器接收到报警信号后，会显示出报警按钮的编号或位置，发出报警声响，提示人员及时逃生。

7. 自动灭火系统由哪些部分组成?

答：自动灭火系统由自动喷水、水喷雾、七氟丙烷、二氧化碳、泡沫、干粉、细水雾、固定水炮灭火系统等及其他自动灭火装置组成。

8. 根据灭火介质的不同，自动灭火系统可分为哪几类?

答：根据灭火介质的不同，自动灭火系统一般可分为自动喷水灭火系统、自动气体灭火系统、自动干粉灭火系统等。

9. 消火栓系统由哪些部分组成?

答：消火栓系统由供水设施、消火栓、配水管网和阀门等组成。

10. 按照消防给水管网平时是否充水，消火栓系统可分为哪两类?

答：按照消防给水管网平时是否充水，消火栓系统可分为湿式消火栓系统和干式消火栓系统。

11. 室外消火栓系统有什么作用?

答：室外消火栓系统主要供消防人员使用，起到扑救室外火灾、控制“飞火”，以及向室内消防给水系统、消防车等提供水源的作用。

12. 干式室外消火栓系统主要由哪些部分组成?

答：干式室外消火栓系统主要由干式室外消防给水管

网、室外消火栓（或带保护箱体）、雨淋阀（干式报警阀）、消防水源等组成。

13. 湿式室外消火栓系统主要由哪些部分组成?

答：湿式室外消火栓系统主要由消防水源、供水设施、室外消防给水管网、室外消火栓等组成。

14. 室外消火栓系统设置应符合哪些规定?

答：(1) 室外消火栓的设置间距、室外消火栓与建（构）筑物外墙、外边缘和道路路沿的距离，应满足消防车在消防救援时安全、方便取水和供水的要求。

(2) 当室外消火栓系统的室外消防给水引入管设置倒流防止器时，应在该倒流防止器前增设一个室外消火栓。

(3) 室外消火栓的流量应满足相应建（构）筑物在火灾延续时间内灭火、控火、冷却和防火分隔的要求。

(4) 当室外消火栓直接用于灭火且室外消防给水设计流量大于 30 L/s 时，应采用高压或临时高压消防给水系统。

15. 室内消火栓系统有什么作用?

答：室内消火栓系统在建筑物内使用广泛，主要用于扑灭初起火灾。在建筑高度超过消防车供水能力时，室内消火栓系统除扑救初起火灾外，还要扑救较大火灾。

16. 室内消火栓系统设置应符合哪些规定?

答：(1) 室内消火栓的流量和压力应满足相应建（构）筑物在火灾延续时间内灭火、控火的要求。

(2) 环状消防给水管道应至少有两条进水管与室外供水管网连接，当其中一条进水管关闭时，其余进水管应仍能保证全部室内消防用水量。

(3) 在设置室内消火栓的场所内，包括设备层在内的各层均应设置消火栓。

（4）室内消火栓的设置应方便使用和维护。

17. 什么是防烟系统？

答：防烟系统就是通过采用自然通风方式，防止火灾烟气在楼梯间、前室、避难层（间）等空间内积聚，或通过采用机械加压送风方式阻止火灾烟气侵入楼梯间、前室、避难层（间）等空间的系统。

18. 什么是排烟系统？

答：排烟系统就是采用自然排烟或机械排烟的方式，将房间、走道等空间的火灾烟气排至建筑物外的系统，分为自然排烟系统和机械排烟系统。

19. 防排烟系统一般由哪些部分组成？

答：防排烟系统一般由风机、风阀、风管、风口等组成。

20. 消防应急广播一般由哪些部分组成？

答：消防应急广播一般由控制和指示装置、声频功率放大器、传声器、扬声器、广播分配装置、电源装置等组成。

21. 消防应急灯具有什么作用？

答：消防应急灯具平时利用外接电源供电，在断电时自动切换到电池供电状态，断电后持续发光时间不小于90 min。当发生火灾或停电时，消防应急灯具会自动工作照明，指示人们安全通道和出口的位置，缩短人们到达安全区域的时间。

22. 安全疏散设施主要有哪些？

答：安全疏散设施由安全出口、疏散楼梯、疏散走道、消防电梯，以及供人员疏散的指示标志、应急灯等组成。

23. 什么是安全出口？

答：建筑物内发生火灾时，为了减少损失，需要把建筑物内的人员和物资尽快撤到安全区域，这就是火灾时的安全疏散，凡是符合安全疏散要求的门、楼梯、走道等都称为安全出口。

24. 安全出口防火有哪些要求？

答：(1) 日常需要保证安全出口畅通无阻，不可将杂物堆积到过道或者安全出口附近，以免造成堵塞，影响紧急情况时人员疏散。

(2) 布置安全出口要遵照“双向疏散”的原则，即经常停留人员的建筑物内任意地点，均宜保持有两个方向的疏散路线，使疏散的安全性得到充分的保障。

25. 疏散楼梯由哪些组成？

答：疏散楼梯由普通楼梯、封闭楼梯、防烟楼梯及室外疏散楼梯等组成。

26. 疏散楼梯防火有哪些要求？

答：疏散楼梯（室外疏散楼梯除外）均应做成楼梯间，围成楼梯间的墙皆应是耐火极限不低于 2.5 h 的非燃烧体。

27. 消防电梯有什么作用？

答：高层建筑发生火灾时，要求消防队员迅速到达起火部位，扑灭火灾和救援遇难人员，如果消防队员从楼梯登高体力消耗很大，难以有效地开展灭火，而且还要受到疏散人流的冲击，因此设置消防电梯，有利于消防队员迅速登高，而且消防电梯前室还是消防队员进行灭火战斗的立足点，也是救治遇难人员的临时场所。

28. 疏散指示标志有什么作用?

答：疏散指示标志一般设在疏散走道和主要疏散路线的地面上或靠近地面的墙上，对安全疏散起到很好的指示作用，可以更有效地帮助人们在浓烟弥漫的情况下，及时识别疏散位置和方向，迅速沿发光疏散指示标志顺利疏散，避免造成伤亡事故。

29. 安全疏散设施管理有哪些要求?

答：(1) 确保疏散通道、安全出口的畅通，禁止占用、堵塞疏散通道和楼梯间。

(2) 人员密集场所在使用和营业期间疏散出口、安全出口的门不应锁闭。

(3) 封闭楼梯间、防烟楼梯间的门应完好，门上应有正确启闭状态的标识，保证其正常使用。

(4) 常闭式防火门应经常保持关闭。

(5) 需要经常保持开启状态的防火门，应保证其火灾时能自动关闭；自动和手动关闭的装置应完好有效。

(6) 平时需要控制人员出入或设有门禁系统的疏散门，应有保证火灾时人员疏散畅通的可靠措施。

(7) 安全出口、疏散门不得设置门槛和其他影响疏散的障碍物，且在其 1.4 m 范围内不应设置台阶。

(8) 消防应急照明、安全疏散指示标志应完好有效，发生损坏时应及时维修、更换。

(9) 消防安全标志应完好、清晰，不应遮挡。

(10) 安全出口、公共疏散走道上不应安装栅栏、卷帘门。

(11) 窗口、阳台等部位不应设置影响逃生和灭火救援的栅栏。

（12）在旅馆、餐饮场所、商店、医院、公共娱乐场等各楼层的明显位置应设置安全疏散指示图，指示图上应标明疏散路线、安全出口、人员所在位置和必要的文字说明。

（13）举办展览、展销、演出等大型群众性活动，应事先根据场所的疏散能力核定容纳人数。活动期间应对人数进行控制，采取防止超员的措施。

30. 泡沫灭火器的作用原理是什么？

答：泡沫灭火器内有两个容器，分别盛放两种液体，即硫酸铝和碳酸氢钠溶液，两种溶液互不接触，不发生任何化学反应。（平时千万不能碰倒泡沫灭火器）当需要泡沫灭火器时，将灭火器倒立，两种溶液混合在一起，就会发生化学反应产生大量的二氧化碳气体。此外，灭火器中还加入了一些发泡剂。打开开关，泡沫从灭火器中喷出，覆盖在燃烧物上，使燃着的物质与空气隔离，并降低温度，达到灭火的目的。

31. 二氧化碳灭火器的作用原理是什么？

答：二氧化碳灭火器瓶体内储存液态二氧化碳，使用时压下瓶阀的压把，内部的二氧化碳灭火剂便由虹吸管经过瓶阀到喷筒喷出，使燃烧区氧的浓度迅速下降，当二氧化碳达到足够浓度时火焰会窒息而熄灭，同时由于液态二氧化碳会迅速气化，在很短的时间内吸收大量的热量，因此对燃烧物起到一定的冷却作用，也有助于灭火。

32. 清水灭火器的作用原理是什么？

答：清水灭火器中的灭火剂为清水。在灭火时，由水汽化产生的水蒸气将占据燃烧区域的空间，稀释燃烧物周围的氧含量，阻碍新鲜空气进入燃烧区，使燃烧区内的氧浓度大大降低，从而达到窒息灭火的目的。当水呈喷淋雾状时，形成的水滴和雾滴的比表面积将大大增加，增强了水与火之间的热交换作用，从而强化了其冷却和窒息作用。

33. 使用消防水带时有哪些注意事项？

答：（1）铺设时应避免骤然曲折，以防止降低耐水压的能力；还应避免扭转，以防止充水后水带转动而使内扣式水带接口脱开。

（2）充水后应避免在地面上强行拖拉，需要改变位置时要尽量抬起移动，以减少水带与地面的磨损。

（3）应避免与油类、酸、碱等有腐蚀性的化学物品接触。

（4）在可能有火焰或强辐射热的区域，应采用棉或麻质水带。

（5）消防水带用毕应清洗干净，无衬里水带要挂晒，干后盘卷保存于阴凉干燥处。

（6）使用过程中如发现有破损小孔，应用水带包布裹紧，事后尽早织补或粘补；当出现明显破损时，应停止使用。

（7）车辆需通过铺设中的水带时，应事先在通过部位安置水带护桥。

（8）铺设时如需通过铁路，应从铁轨下面通过。

（9）寒冷地区建筑物外部应使用有衬里水带，以免水带冻结。

34. 什么是消防水枪？

答：消防水枪是由单人或多人携带和操作的以水作为灭

火剂的喷射管枪。

35. 根据喷射的灭火水流形式，消防水枪可分为哪几类?

答：根据喷射的灭火水流形式，消防水枪可分为直流水枪、喷雾水枪、直流喷雾水枪、多用水枪。

36. 室外消防给水系统是什么?

答：室外消防给水系统，是指设置在建筑物外部的消防给水工程设施。其任务是通过室外消火栓为消防车等消防设备提供消防用水，或通过进户管为室内消防给水设备提供消防用水。

37. 说明铁路消防给水扑救对象及安全要求。

答：铁路消防给水的扑救对象包括站段（所）、站场建筑消防给水系统和扑救列车火灾用水两部分。

铁路消防给水利用地表水时应确保枯水期最低水位时消防用水的要求。

38. 消防水池是什么?

答：消防水池是人工建造的储存消防用水的构筑物，是天然水源或市政给水管网的一种重要补充手段。

39. 铁路系统哪些情况应设置消防水池?

答：(1) 长度 5.0 km 及以上的客货共线铁路隧道两端的洞口处宜设置高位水池。

(2) 设置消火栓系统的铁路隧道紧急救援站。

(3) 客车给水、生产、生活用水量达到最大时，站区管网供水能力不能满足消防用水量要求时。

(4) 给水系统流量、压力不满足扑灭列车火灾消防要求的车站。

40. 消防水池设置应符合哪些规定?

答:(1)消防水池容量应满足火灾延续时间内室内消防用水量与室外消防用水量不足部分之和的要求。

(2)消防水池的吸水高度不应大于6.0 m,确保消防车和机动消防泵取水,并能充分利用消防水池的水源。

(3)扑灭列车火灾的消防水池应设在基本站台,并可与旅客车站站房的消防水池合建,具体位置可结合车站实际情况确定。为提高扑救列车火灾的能力,作为消防水源的消防水池应尽可能靠近线路。

(4)设置水塔的站段(所),水塔具备消防供水条件时,可根据具体情况核减消防水池容量。

41. 根据消防水压要求,消防给水管网具体分为哪三类?

答:(1)高压消防给水管网:高压给水管网内须经常保持足够的水压和消防用水量,火场上不需使用消防车或其他移动式消防水泵加压,直接从消火栓接出水带、水枪即可实施灭火。

(2)临时高压消防给水管网:临时高压消防给水管网内平时水压不高,发生火灾时,临时启动高压消防水泵,使管网内的供水压力达到高压消防给水管网的供水压力要求。

(3)低压消防给水管网:低压消防给水管网内平时水压较低,一般只负担提供消防用水量,火场上消防水枪所需的压力由消防车或其他移动式消防水泵加压产生。

42. 铁路哪些地点室外消防给水应采用高压或临时高压给水系统?

答:(1)超出城镇消防站保护范围的站段(所)和货场仓库。

（2）既有客车整备线（库）及备用客车存放线无法保证消防车进入的。

（3）大型及以上客货共线铁路旅客车站和高速铁路、城际铁路旅客车站站台无法保证消防车进入的。

43. 铁路哪些地点室外消防给水管道应布置成环状？

答：仓库建筑面积 1 000 m^2 及以上的危险品货场、仓库建筑体积 3 000 m^2 及以上的货场、客车整备线（库）、动车检查和检修库、动车运用所、动车停留线、客车停留线、口岸站油品换轮线（库）的室外消防给水管道应布置成环状。

44. 铁路室外消火栓布置应符合哪些规定？

答：（1）采用高压、临时高压给水系统的处所应选用有两个口径 65 mm 出水口的消火栓。

（2）管网供水能力满足消防要求时，中型及以下旅客车站和其他中间站、越行站、会让站应在基本站台两端设置消火栓。

（3）客货共线、高速铁路、城际铁路大型旅客车站基本站台应设置消火栓，其间距不应大于 100 m。其他站台两端应各设置一座消火栓。无基本站台的高速铁路、城际铁路旅客车站应选定一个站台，并应按基本站台的标准设置消火栓。

（4）特大型旅客车站各站台均应设置消火栓，消火栓间距不应大于 100 m。

（5）区段站、编组站的调车场，区域性及以上编组站的出发场应沿消防车道设置消火栓。

（6）客车整备线、动车组存车场（线）、客车存放线、备用客车存放线（场）、机械冷藏车整备线、大型养路机械存放线应每隔两条线在线路间设置消火栓，其间距不应大于 50 m。

（7）卸油线、口岸站油罐车换轮线（库）、洗罐线旁侧的消防车道应设置消火栓。

（8）长度 5 km 及以上的客货共线铁路隧道两侧洞口应各设置两座消火栓，消火栓距洞口距离不宜小于 50 m。

（9）铁路隧道紧急救援站内消火栓间距不应大于 50 m。

（10）卸油线室外消防用水量应符合《泡沫灭火系统技术标准》（GB 50151）的有关规定。

冷却用水量应按装卸站台一次灭火最大需水量和《消防给水及消火栓系统技术规范》（GB 50974）要求计算确定。

45. 根据驱动灭火器的压力形式，手提式灭火器可分为哪几类？

答：根据驱动灭火器的压力形式，手提式灭火器可分为贮气瓶式灭火器和贮压式灭火器。

46. 根据充装的灭火剂类型，手提式灭火器可分为哪几类？

答：根据充装的灭火剂类型，手提式灭火器可分为干粉灭火器、水基型灭火器、二氧化碳灭火器、洁净气体灭火器（通常是六氟丙烷）。

47. 手提式灭火器如何使用？

答：（1）灭火时，持手提灭火器快速奔赴火场，在燃烧处附近放下灭火器。如在室外，应选择在上风方向喷射。

（2）除掉铅封，拔掉保险销。

（3）一手握住喷射软管前端喷嘴部，另一只手将开启压把压下，打开灭火器对准火源根部进行灭火。喷管左右摆动，喷射覆盖整个燃烧区。

48. 推车式干粉灭火器如何使用?

答：(1) 推车式干粉灭火器使用时一般两人配合。首先将推车式灭火器推（或拉）到火灾现场，在燃烧物附近处停止。

(2) 其中一人取下喷粉枪，展开喷粉胶管，直至平直，注意不能弯折或打圈。

(3) 另一人除掉铅封，拔出保险销。用手掌使劲按下灭火器阀门。

(4) 一手把持喷粉枪管托，另一手把持枪把，用手指扳动喷粉开关，对准火焰喷射，不断靠前左右摆动喷粉枪，把干粉笼罩在燃烧区，直至把火扑灭为止。

(5) 灭火结束后，首先关闭灭火器阀门，然后关闭喷粉开关。

49. 室内消火栓如何使用?

答：(1) 室内消火栓一般由两人操作。发生火灾时，应迅速打开消火栓箱门，紧急时可将玻璃击碎，按下内部火灾报警按钮，取出消防水带。

(2) 向火场方向展开消防水带，注意避免扭折水带。

(3) 一人连接好枪头和水带奔向起火点。

(4) 另一人顺时针将水带连接到消火栓出水口上，待同伴赶到起火点附近后，逆时针打开阀门至最大。

(5) 灭火人员双手紧握水枪，对准火源根部喷水灭火，直至把火扑灭为止。

50. 灭火器的日常检查有哪些内容?

答：(1) 检查压力是否在规定的范围内。

（2）检查保险销有无锈蚀，转动是否灵活，铅封是否完好。

（3）灭火器压把、阀体、顶针等金属件有无严重损伤、变形、锈蚀等。

（4）检查喷粉管有无老化。

（5）检查筒体有无变形，底部有无锈蚀。

（6）检查干粉是否结块。

（7）检查灭火器是否在有效使用期内。

（8）检查推车式灭火器车架上的转动部件是否松动，转动时是否灵活可靠。

（9）检查铭牌标注的项目是否清楚齐全。

51. 灭火器的日常维护有哪些内容？

答：（1）经常对表面、喷粉管及保险销进行清洁整理。

（2）定期对活动部位进行润滑保养。

（3）定期对筒体进行适当的晃动，防止干粉结块。

（4）当压力低于规定的范围或干粉严重结块时应申请维修或更换。

（5）干粉、二氧化碳灭火器出厂充装灭火剂五年后须进行水压试验，以后每隔两年进行一次。达到报废年限时应及时申请更换。

52. 消火栓的维护保养有哪些内容？

答：（1）定期检查消火栓是否完好，有无生锈、漏水现象。

（2）检查接口垫圈是否完整无缺。

（3）消火栓阀杆上应定期加注润滑油。

（4）定期进行放水检查，以确保火灾发生时能及时打开放水。

（5）要定期检查卷盘、水枪、水带是否损坏，阀门、卷盘转动是否灵活，发现问题及时检修。

（6）定期检查消火栓箱门是否损坏，门锁是否开启灵活，拉环铅封是否损坏，水带盘转杆架是否完好，箱体是否锈蚀。发现问题要及时更换、修理。

（7）灭火后，要把水带洗净晾干，按盘卷或折叠方式放入箱内，再把水枪卡在枪夹内，关好箱门（或装好箱锁，换好玻璃）。

53. 自动灭火系统的维护保养有哪些内容？

答：（1）检查试验喷淋管网末端试验装置是否正常（水压、流量是否达到要求）。

（2）检查试验水流指示器动作是否灵敏，报警是否及时准确，复位是否正常，消防中心是否有显示等。

（3）检查喷淋头、管道是否完好，有无爆裂隐患。

（4）检查各个阀门是否处于正常开启状态，信号阀门开关是否灵活，消防中心是否有关闭信号显示。

（5）检查保养喷淋系统的水泵接合器，确保完整、不渗漏。

（6）定期试验安全泄压阀是否灵敏、可靠，检查水锤吸纳器工作是否有效。

（7）检查喷淋立管的自动排气阀的工作状态是否正常。

（8）检查试验湿式报警阀、水力警铃动作是否灵敏，喷淋泵是否启动，消防中心显示是否准确。

（9）定期检查阀门是否开关灵活、有效，阀门关闭不严或不能灵活使用的应及时修理，对阀门的接触面发现有缺陷的，需进行研磨，无法修复的予以更换。定期对阀门转动部位螺栓加黄油。

（10）检查止回阀启闭是否灵活、有效。

（11）定期对喷淋系统管网进行全面检查，对腐蚀严重的管道予以更换，对油漆脱落的管道及时除锈，刷防锈漆和标志漆。

54. 消防广播的维护保养有哪些内容？

答：（1）试验火灾应急广播设备的功能是否正常。在试验中不论扬声器当时处于何种工作状态，都应能紧急切换到火灾事故广播上，音响清晰。

（2）检查保养消防扬声器，测试楼层扬声器的效果，声响是否响亮清晰。

（3）定期对消防广播主机进行检测维护保养。

（4）试验消防广播的选层广播功能是否正常。

第五章　火灾逃生与救治

1. 火灾逃生的十五项口诀具体是哪些？

答：第一诀：逃生预演，临危不乱。

第二诀：熟悉环境，暗记出口。

第三诀：保持镇静，明辨方向。

第四诀：迅速撤离，不贪财物。

第五诀：简易防护，匍匐前进。

第六诀：胆大心细，善用通道。

第七诀：高楼火灾，忌乘电梯。

第八诀：巧妙逃生，滑绳自救。

第九诀：堵塞门户，固守待援。

第十诀：缓晃轻抛，寻求援助。

第十一诀：走投无路，厕所避难。

第十二诀：身上着火，切勿惊跑。

第十三诀：辨明情况，低层跳离。

第十四诀：互相帮助，利己利人。

第十五诀：既已出逃，不要回头。

2. 火灾现场的“处置十招”具体是什么？

答：(1) 发现着火要大声呼喊并迅速打火警电话 119，讲清路名、门牌号，然后派人在路口迎候消防车。

(2) 扑灭火苗要就地取材，如用毛毯、棉被罩住火焰，然后将火扑灭。

（3）可及时用面盆、水桶等取水灭火，或利用场所内的消防栓、灭火设施及灭火器扑救火灾，并注意灭火禁忌。

（4）个别物品着火时，如果可能要赶快把着火物搬到室外安全地带灭火。

（5）油锅起火，直接盖上锅盖灭火。

（6）家用电器着火，要先切断电源，然后用毛毯、棉被覆盖窒息灭火，如仍未熄灭，再用灭火器灭火。

（7）电视机着火用毛毯、棉被灭火时，人要站在侧面，防止显像管爆裂伤人。

（8）煤气、液化气灶着火，要先关闭阀门。用毛巾、围裙、衣物、棉被等浸水后捂盖，往上浇水扑灭，亦可用灭火器灭火。

（9）救火时着火房间门窗要慢开，以免空气对流加速火焰蔓延和火焰突然窜出伤人。

（10）要将着火处附近的可燃物及液化气罐等危险物品及时疏散到安全地带。

3. 火灾中，致人伤亡的原因可能有哪几种？

答：烧伤、有毒气体侵害、缺氧、吸入热气、电气触电。

4. 烧伤的深度是如何判断的？

答：烧伤的深度判断可分为三度四分法。

（1）一度烧伤（红斑性烧伤），通常为表皮浅层损伤，治疗时不计入烧伤面积。一度烧伤的全部症状一般经过2～3天后即可全部消退，皮肤不留瘢痕。

（2）浅二度烧伤（水疱性烧伤），此时患者真皮浅层受损伤，部分基底层细胞可被保留。如不发生感染，伤口可经过7～10天后痊愈，不留瘢痕。

（3）深二度烧伤（水疱性烧伤），患者皮肤真皮深层受损，仅残留部分的网状层组织。一般经过20～30天后痊愈，皮肤可能留下瘢痕。

（4）三度烧伤（焦痂性烧伤），患者深部肌肉、骨骼，甚至内脏器官等，都可能出现损伤。受伤处会留下瘢痕，甚至造成畸形。

5. 什么是电伤？

答：电伤是指电流的热效应、化学效应、机械效应及电流本身作用造成的人体伤害。

6. 什么是电击？

答：电击是指电流通过人体内部，破坏人体内部组织，影响呼吸系统、心脏及神经系统的正常功能，甚至危及生命。

7. 火灾中烧伤的急救措施有哪些？

答：（1）发生伤情后，组织工作必须沉着冷静。对多人烧伤，应区别轻重缓急，有条不紊地进行急救。

（2）迅速脱离火源、热源，消除致伤根源。将伤员搬离现场，尽快脱去着火或沸液浸渍的衣服。

（3）除烧伤外，检查有无其他伤害，如有休克、窒息、大出血、骨折时应首先处理。

（4）简单估计烧伤面积和深度。用敷料或干净被单、衣服等包裹创面。创面不可涂有色外用药（如紫药水等），以免影响到医院后对烧伤面积和深度的估计。

（5）如伤员口渴，可饮盐开水，不可喝生水或过多喝开水。

（6）经过初救后，速送附近医院。

8. 火灾中触电的急救措施有哪些？

答：（1）应迅速关闭开关，切断电源。

（2）如条件不允许，可用带绝缘手柄的物体把电线切断。

（3）如果导线搭在触电者身上，可用绝缘物或干燥木棍把导线挑开。

（4）如触电者神志清醒，应将其抬到空气新鲜、通风良好的地方舒展地躺下，并严密观察其呼吸和心脏的跳动。

（5）如验证触电者呼吸停止时，应及时进行人工呼吸。

9. 口对口人工呼吸法具体如何操作？

答：（1）将患者置于仰卧位。

（2）施救者站在患者一侧，将患者颈部伸直，右手向上托患者的下颌，使患者头部后仰。这样，患者的气道能充分伸直，便于人工呼吸。

（3）清理患者的口腔，包括痰液、呕吐物及异物等。

（4）用身边现有的清洁布质材料，如手绢等，盖在患者嘴上，防止传染疾病。

（5）左手捏住患者鼻孔（防止漏气），右手轻压患者下颌，把口腔打开。

（6）施救者先深吸一口气，用自己的口唇把患者的口唇包住，向患者嘴里吹气。吹气要均匀，时间稍长，但不要用力过猛。吹气的同时，用余光观察患者的胸部，如果看到患者的胸部膨起，表明气体吹进了患者的肺脏，吹气的力度合适。如果看不到患者的胸部膨起，说明吹气力度不够，应适当加强。吹气后，等患者膨起的胸部自然回落后，再深吸一口气重复吹气，如此反复进行。

（7）每分钟吹气 10～12 次。

（8）只要患者未恢复呼吸，要持续进行人工呼吸，直到救护车到达，交给专业救护人员进行抢救。

10. 口对鼻人工呼吸法具体如何操作？

答：首先开放患者气道，头后仰，用手托住患者下颌使其口闭住。然后深吸一口气，用口包住患者鼻部，用力向患者鼻孔内吹气，直到胸部抬起，吹气后将患者口部张开，让气体呼出。如吹气有效，则可见到患者的胸部随吹气而起伏，并能感觉到气流呼出。

11. 胸外心脏按压法具体如何操作？

答：（1）首先一只手按住患者的剑突处（心窝的地方），然后另一只手的手掌跟紧靠在第一只手的食指旁，掌跟的位置对准胸骨的中线。

（2）等掌跟就位后，另一只手离开心窝的地方，并重叠在第一只手上，将手指略微翘起来，以免压到患者的肋骨造成骨折。

（3）施救者跪在患者身旁，将患者双腿打开与肩部保持同宽。然后肩膀在患者胸骨正上方，双臂伸直，肘关节打直以身体的力量将胸骨下压，每次下压胸骨 5～6 cm，且压力放松时不可移动手的位置。

（4）胸外按压的速度保持每分钟 100～120 次，且连续 30 次按压后接着进行两次人工呼吸。

（5）人工呼吸与胸外心脏按压同时交替进行，每隔 5 min 检查一次患者的脉搏，直到救护车赶到。

（6）如果检查时依旧没有脉搏，则需继续进行胸外心脏按压。如果检查时已经有脉搏，则要检查患者的呼吸，如果没有呼吸则需继续进行人工呼吸。

12. 综合人工呼吸法具体如何操作？

答：综合人工呼吸法需两人同时进行，也可由一人交替进行。应注意的是，施救过程中，胸外心脏按压的速度要与口对口（鼻）吹气的节奏紧密配合。对患者吹气时要使其胸部放松，当其呼气时，应对其胸部进行按压，反复进行，直至患者恢复自然呼吸为止。

第六章　消防相关法律、规章知识

1.《中华人民共和国消防法》立法目的是什么？

答：为了预防火灾和减少火灾危害，加强应急救援工作，保护人身、财产安全，维护公共安全，制定本法。

2. 消防工作的方针、原则是什么？

答：消防工作贯彻预防为主、防消结合的方针，按照政府统一领导、部门依法监管、单位全面负责、公民积极参与的原则，实行消防安全责任制，建立健全社会化的消防工作网络。

3. 各级人民政府的消防工作职责是什么？

答：国务院领导全国的消防工作。地方各级人民政府负责本行政区域内的消防工作。各级人民政府应当将消防工作纳入国民经济和社会发展计划，保障消防工作与经济社会发展相适应。

4. 消防工作监督管理体制包括哪些内容？

答：（1）国务院应急管理部门对全国的消防工作实施监督管理。

（2）县级以上地方人民政府应急管理部门对本行政区域内的消防工作实施监督管理，并由本级人民政府消防救援机构负责实施。

（3）军事设施的消防工作，由其主管单位监督管理，消防救援机构协助；矿井地下部分、核电厂、海上石油天然气设施的消防工作，由其主管单位监督管理。

（4）县级以上人民政府其他有关部门在各自的职责范围内，依照《中华人民共和国消防法》和其他相关法律、法规的规定做好消防工作。

（5）法律、行政法规对森林、草原的消防工作另有规定的，从其规定。

5. 消防宣传教育的责任主体及职责有哪些？

答：（1）各级人民政府应当组织开展经常性的消防宣传教育，提高公民的消防安全意识。

（2）机关、团体、企业、事业等单位，应当加强对本单位人员的消防宣传教育。

（3）应急管理部门及消防救援机构应当加强消防法律、法规的宣传，并督促、指导、协助有关单位做好消防宣传教育工作。

（4）教育、人力资源行政主管部门和学校、有关职业培训机构应当将消防知识纳入教育、教学、培训的内容。

（5）新闻、广播、电视等有关单位，应当有针对性地面向社会进行消防宣传教育。

（6）工会、共产主义青年团、妇女联合会等团体应当结合各自工作对象的特点，组织开展消防宣传教育。

（7）村民委员会、居民委员会应当协助人民政府以及公安机关、应急管理等部门，加强消防宣传教育。

6. 地方各级人民政府在城乡消防规划中的主要职责是什么？

答：（1）地方各级人民政府应当将包括消防安全布局、

消防站、消防供水、消防通信、消防车通道、消防装备等内容的消防规划纳入城乡规划，并负责组织实施。

（2）城乡消防安全布局不符合消防安全要求的，应当调整、完善；公共消防设施、消防装备不足或者不适应实际需要的，应当增建、改建、配置或者进行技术改造。

7. 各单位的消防安全职责包括哪些？

答：（1）落实消防安全责任制，制定本单位的消防安全制度、消防安全操作规程，制定灭火和应急疏散预案。

（2）按照国家标准、行业标准配置消防设施、器材，设置消防安全标志，并定期组织检验、维修，确保完好有效。

（3）对建筑消防设施每年至少进行一次全面检测，确保完好有效，检测记录应当完整准确，存档备查。

（4）保障疏散通道、安全出口、消防车通道畅通，保证防火防烟分区、防火间距符合消防技术标准。

（5）组织防火检查，及时消除火灾隐患。

（6）组织进行有针对性的消防演练。

（7）法律、法规规定的其他消防安全职责。

8. 除履行通常的消防安全职责外，消防安全重点单位还应当履行哪些消防安全职责？

答：（1）确定消防安全管理人，组织实施本单位的消防安全管理工作。

（2）建立消防档案，确定消防安全重点部位，设置防火标志，实行严格管理。

（3）实行每日防火巡查，并建立巡查记录。

（4）对职工进行岗前消防安全培训，定期组织消防安全培训和消防演练。

9. 举办大型群众性活动的消防安全有何规定？

答：举办大型群众性活动，承办人应当依法向公安机关申请安全许可，制定灭火和应急疏散预案并组织演练，明确消防安全责任分工，确定消防安全管理人员，保持消防设施和消防器材配置齐全、完好有效，保证疏散通道、安全出口、疏散指示标志、应急照明和消防车通道符合消防技术标准和管理规定。

10. 在具有火灾、爆炸危险的场所进行明火作业时有何规定？

答：(1) 禁止在具有火灾、爆炸危险的场所吸烟、使用明火。因施工等特殊情况需要使用明火作业的，应当按照规定事先办理审批手续，采取相应的消防安全措施；作业人员应当遵守消防安全规定。

(2) 进行电焊、气焊等具有火灾危险作业的人员和自动消防系统的操作人员，必须持证上岗，并遵守消防安全操作规程。

11. 哪些单位应当建立专职消防队？

答：(1) 大型核设施单位、大型发电厂、民用机场、主要港口。

(2) 生产、储存易燃易爆危险品的大型企业。

(3) 储备可燃的重要物资的大型仓库、基地。

(4) 第一项、第二项、第三项规定以外的火灾危险性较大、距离国家综合性消防救援队较远的其他大型企业。

(5) 距离国家综合性消防救援队较远、被列为全国重点文物保护单位的古建筑群的管理单位。

12. 火灾现场总指挥根据扑救火灾的需要，有权决定哪些事项?

答：（1）使用各种水源。

（2）截断电力、可燃气体和可燃液体的输送，限制用火用电。

（3）划定警戒区，实行局部交通管制。

（4）利用邻近建筑物和有关设施。

（5）为了抢救人员和重要物资，防止火势蔓延，拆除或者破损毗邻火灾现场的建筑物、构筑物或者设施等。

（6）调动供水、供电、供气、通信、医疗救护、交通运输、环境保护等有关单位协助灭火救援。

13. 消防交通优先具体有何规定?

答：（1）消防车、消防艇前往执行火灾扑救或者应急救援任务，在确保安全的前提下，不受行驶速度、行驶路线、行驶方向和指挥信号的限制，其他车辆、船舶以及行人应当让行，不得穿插超越；收费公路、桥梁免收车辆通行费。交通管理指挥人员应当保证消防车、消防艇迅速通行。

（2）赶赴火灾现场或者应急救援现场的消防人员和调集的消防装备、物资，需要铁路、水路或者航空运输的，有关单位应当优先运输。

14. 消防救援机构在消防监督检查中发现火灾隐患的，如何处理?

答：消防救援机构在消防监督检查中发现火灾隐患的，应当通知有关单位或者个人立即采取措施消除隐患；不及时消除隐患可能严重威胁公共安全的，消防救援机构应当依照规定对危险部位或者场所采取临时查封措施。

15.《中华人民共和国消防法》规定有哪些行为的，依照《中华人民共和国治安管理处罚法》的规定处罚？

答：（1）违反有关消防技术标准和管理规定生产、储存、运输、销售、使用、销毁易燃易爆危险品的。

（2）非法携带易燃易爆危险品进入公共场所或者乘坐公共交通工具的。

（3）谎报火警的。

（4）阻碍消防车、消防艇执行任务的。

（5）阻碍消防救援机构的工作人员依法执行职务的。

16. 人员密集场所指的是什么？

答：人员密集场所，是指公众聚集场所，医院的门诊楼、病房楼，学校的教学楼、图书馆、食堂和集体宿舍，养老院，福利院，托儿所，幼儿园，公共图书馆的阅览室，公共展览馆、博物馆的展示厅，劳动密集型企业的生产加工车间和员工集体宿舍，旅游、宗教活动场所等。

17. 公众聚集场所指的是什么？

答：公众聚集场所，是指宾馆、饭店、商场、集贸市场、客运车站候车室、客运码头候船厅、民用机场航站楼、体育场馆、会堂以及公共娱乐场所等。

18.《中国国家铁路集团有限公司消防管理办法》制定的目的是什么？

答：为加强铁路消防工作，预防火灾事故，减少火灾危害，保障铁路运输生产、建设和人身财产安全，根据《中华人民共和国消防法》《消防安全责任制实施办法》等有关法律法规，制定《中国国家铁路集团有限公司消防管理办法》。

19. 国铁集团消防工作方针、原则是什么?

答：国铁集团消防工作坚持人民至上、生命至上，贯彻预防为主、防消结合的方针，按照国铁集团统一领导、所属单位全面负责、职工群众积极参与的原则，严格落实“管行业必须管安全、管业务必须管安全、管生产经营必须管安全”，以及领导负责、分工负责、专业负责、岗位负责的要求，实行消防安全责任制。

20. 国铁集团各组织部门消防工作职责是什么?

答：(1) 国铁集团运输、客运、货运、机辆、工电、经开和建设等管理部门负责本专业消防安全管理工作，组织开展本专业消防安全检查、考核和问题整治工作，应明确人员承担本专业消防管理有关工作。

(2) 国铁集团发改、建设、鉴定、工管、工程监督等与建设相关的部门和单位，负责在铁路项目规划建设中，严格落实消防安全有关标准和要求，保证消防相关工程建设与铁路工程建设同时设计、同时施工、同时投入生产和使用。

(3) 国铁集团宣传、培训部门负责将消防安全内容纳入宣传、教育、培训工作，做到经常化、制度化、规范化。

(4) 国铁集团工会、共青团组织应结合实际，有针对性地开展消防宣传教育。

(5) 国铁集团安全监督管理部门负责建立完善消防管理监督制度，指导、监督国铁集团有关部门和所属单位履行相关职责，组织或参与火灾事故的内部调查处理。

(6) 国铁集团其他业务部门应结合业务工作落实消防安全责任，做好消防工作。

21. 国铁集团所属各单位如何落实消防安全主体责任？

答：国铁集团所属各单位依法承担消防安全主体责任，负责贯彻执行消防有关法律法规、规章制度，落实消防安全责任制，建立健全本单位消防安全制度、消防安全操作规程，制定灭火和应急疏散预案，组织防火检查，开展消防安全风险分级管控和隐患排查治理，及时消除火灾隐患，定期开展消防安全宣传教育培训和有针对性的消防演练。

22. 国铁集团所属哪些单位应当按照消防安全重点单位进行管理？

答：国铁集团所属各单位应将旅客列车和人员密集场所、重点行车场所、物资集中场所、机车车辆存放场所、易燃易爆场所等发生火灾可能性较大、发生火灾可能造成重大人身伤亡或者财产损失以及严重影响铁路运输的单位，按照消防安全重点单位进行管理。

23. 除履行通常的消防安全职责外，国铁集团所属消防安全重点单位或按照消防安全重点单位进行管理的单位还应履行哪些职责？

答：（1）确定消防工作的归口管理职能部门，配备专（兼）职消防管理人员。

（2）建立消防档案，确定消防安全重点部位，设置防火标志，实行严格管理。

（3）实行每日防火巡查，建立巡查记录。

（4）对职工进行岗前消防安全培训，定期组织消防安全培训和消防演练。

24. 装有危险货物的车辆需要摘下施修时，在车站停留时间不得超过几天？

答：装有危险货物的车辆需要摘下施修时，在车站停留时间不得超过2天。

25. 铁路重点行车场所有哪些消防规定？

答：(1) 铁路通信、信号、信息、牵引供电及电力、行车调度等重点行车场所的建筑耐火等级、室内装修、外墙保温等必须符合有关消防技术标准。电（光）缆的选型应符合有关消防技术标准。

(2) 通信、信号、信息、电力缆线穿过房间隔墙、楼板处应采用防火封堵材料进行封堵。电气设备房屋所在建筑内的竖向风道、电缆竖井、电缆盒（槽）、走线架、地沟盖板等均应采用不燃或难燃材料。

(3) 通风、空气调节系统风管穿越防火分区处、穿越通信、信号、信息、电力设备用房等重要或火灾危险性大的房间隔墙和楼板处应设置防火阀。

(4) 牵引电力电缆与通信信号电（光）缆应按照高低压电压等级，采用不同物理路由敷设在不同的沟、槽、井内。室外地下敷设的电力、通信、信号电缆应采取填埋、密封等防火措施。

(5) 通信机房、信号机械室、主控制室、信息机房等电气设备房屋内设置的气体灭火系统应符合消防技术标准并处于正常使用状态，室内严禁吸烟和堆放杂物，严禁违章使用电热器具。

(6) 油浸变压器、预装式变电站与民用建筑、铁路线路、易燃易爆场所的防火间距应符合相关消防技术标准。

(7) 油浸变压器和含油电气设备应设置储油或挡油设施。

26. 铁路人员密集场所消防安全管理有何规定?

答:(1) 铁路宾馆、公寓、文体场馆、单身宿舍等人员密集场所的耐火等级、防火分隔、安全疏散、防烟排烟、电气设备及消防设施,必须符合国家消防技术标准。严禁使用易燃可燃材料装修,严禁擅自改变建筑结构和用途。

(2) 铁路宾馆、公寓、文体场馆、单身宿舍等人员密集场所应明确消防安全管理人员,消防设施和消防器材应配置齐全、完好有效,疏散通道、安全出口、疏散指示标志、应急照明和消防车通道应符合相关消防技术标准和管理规定。

27. 电动车消防安全管理有何规定?

答:电动车应在指定安全地点停放、充电,禁止在建筑物首层门厅、共用走道、楼梯间、楼道等共用部位,以及疏散通道、安全出口、消防车通道及其两侧影响通行的区域、人员密集场所的室内区域停放或充电。具备条件的应设置安全充电装置、简易喷淋和自动报警装置。

第七章　日常消防安全常识

1. 影响导体电阻值大小的因素有哪些？

答：（1）长度：当材料和横截面积相同时，导体的长度越长，电阻值越大。

（2）横截面积：当材料和长度相同时，导体的横截面积越小，电阻值越大。

（3）材料：当长度和横截面积相同时，不同材料的导体电阻值不同。

（4）温度：对大多数导体来说，温度越高，电阻值越大，如金属等；对少数导体来说，温度越高，电阻值越小，如碳。

2. 变压器有哪些火灾危险性？

答：变压器的线圈以纸、棉纱、布等做绝缘材料，变压器内部的绝缘衬垫和支架也多采用纸、棉纱、布、塑料、木材等可燃物质，里边还有大量的变压器油。因此，变压器具有火灾危险性。它受高温或电弧作用能分解出可燃气体，受潮和老化后常出现沉淀（酸和水），降低绝缘强度。变压器在运行时，严重过载或由于内部故障（短路、绝缘击穿等）能产生电弧迅速使变压器油分解汽化，并使变压器油箱内的压力激增造成箱外壳爆裂、大量喷油且燃烧。

3. 变压器有哪些火灾预防措施？

答：（1）安装前，应认真检查变压器的绝缘情况，核对额定电压与电源电压是否一致。

(2) 安装要合理，接线要牢固，正确选择熔丝。

(3) 运行中，要注意电流、电压的变化情况，防止过载运行。

(4) 经常检查变压器油面及油色的变化，随时补充或更换。

(5) 每月要进行一次夜间巡视，查看有无套管放电情况，引线和导杆连接处有无烧红情况，雷雨季节要看避雷设备是否完好等。

4. 油断路器有哪些爆炸燃烧危险性？

答：油断路器发生故障时，会引起油箱爆炸，从而热油喷发，形成大面积燃烧，喷出的油雾和可燃性气体与配电室空气混合达到爆炸浓度极限，可在配电室空间中发生爆炸，炸毁房屋和设备，破坏电力系统的正常运行。

5. 油断路器有哪些火灾预防措施？

答：(1) 选好油断路器的断流容量，即应大于装设该断路器的电气回路的短路容量。

(2) 经常检查油面情况，高低要适当，油质要良好，并防止油箱和充油套管渗漏油。

(3) 发现温度过高，应取油样进行检查，如果油面过黑说明触点存有故障，应进行检修。

(4) 注意检查套管有无裂纹，及时清洁；油断路器与母线和电缆的连接要紧密。

(5) 自动跳闸后有喷油或气体逸出时，应检查断流容量是否合适，操作机构有无故障。

(6) 定期在夜间巡视，查看有无放电和引线烧红现象。

（7）定期停电检修。

（8）冬季到来前，应在放油阀处放油，检查有无积水，以防止冻裂油阀漏油而造成事故。

6. 润滑油等非甲、乙类容器（桶）的存放有哪些安全管理要求？

答：（1）露天存放时，桶应卧放，双行并列，桶底相对，桶口朝外、向上，垛高不宜超过三层，层间加垫木。

（2）库内容器应立放，双行并列，桶身靠紧，桶口靠走道侧。

（3）入库桶身应清洁，桶盖严密，无渗漏，并按品种、规格、批号分类码垛，标志清晰。

7. 易燃易爆化学物品的储存有哪些安全管理要求？

答：（1）专用仓库、货场或其他专用储存设施，必须由经过消防安全培训合格的人员管理。

（2）应根据储存物品的化学危险特性分类、分项储存，化学性质相抵触或灭火方法不同的易燃易爆化学物品，不得在同一库房内储存。

（3）对性质不稳定、容易分解变质的危险化学物品，应有专人进行测温、观察，并做好记录，发现异常情况及时处理。

（4）每种危险化学品应标明物品的名称及灭火方法，不得超量储存。

（5）易燃易爆化学物品的储存单位，必须建立入库验收、发货检查、出入库登记制度。凡包装、标志不符合国家标准或破损、残缺、渗漏变形及物品变质、分解的，严禁出入库。

（6）易燃易爆化学物品仓库管理人员在收发货时，必须检查提货单位“易燃易爆化学物品准运证”，无“易燃易爆化学物品准运证”的不得收发货。

8. 毒害品、腐蚀品等物品的储存有哪些安全管理要求？

答：（1）毒害品包装严密完好，单储单运，远离火源、热源、氧化剂、酸类、食品，存放地点应通风良好。

（2）腐蚀物品、容器能适应耐腐蚀要求，严密不漏，氧化性酸应远离有机易燃物品，酸类腐蚀品应与氰化物、H发泡剂、遇水燃烧品、氧化剂隔离，不宜与碱类腐蚀剂混储。

9. 气瓶的储存使用有哪些安全管理要求？

答：（1）新投入使用的气瓶必须符合国家安全标准，检验合格（有检验合格证），严禁储存充装压力超过气瓶设计压力的气瓶。

（2）可燃气体不得和助燃气体、有毒气体共同储存。

（3）有毒气的气瓶，或所装介质互相接触后能引起燃烧爆炸的气瓶（如氢与氧、氢与氯、氯与氨等气瓶），必须分室储存。

（4）易于发生聚合反应的气体气瓶，如乙炔、乙烯等，必须规定储存期限，执行先进先出制度，避免久储。气瓶使用后应留有剩压，以防第二次充装时因无压而渗入杂质，引起事故。

（5）气瓶入库一律不准用电磁起重机搬运；搬运进库及堆放时，不得敲击、碰撞、抛掷、滚拉，更不准将瓶阀对着人身。

（6）进库气瓶应旋紧瓶帽，套上防震圈；乙炔气瓶绝不准在地面滚动；氧气瓶嘴、瓶身严禁沾染油垢，如有油渍应立即抹干净，否则不得入库。

(7) 气瓶仓库应保持阴凉，通风良好，库内不得有热源、明火。满装气瓶不得受日光暴晒，也不宜受风吹雨淋，库温超过 35 ℃时，应有降温措施（如冷水喷淋）。

(8) 气瓶仓库地坪宜为不发火地面，地面应平整。

(9) 气瓶应平卧放置，顺向一个方向，留有通道，妥善固定。堆放不应超过 5 层，并有防止滚动的措施。有固定框架的气瓶可立放，但不应倒置钢瓶。

(10) 退库的空瓶不得全部放空，应留有余压。退库空瓶应逐一检查瓶阀，旋紧后再旋上瓶帽，方可入库。

(11) 气瓶应按规定漆色、标明字样和色环、附件齐全（瓶阀、瓶帽、胶护圈）、不超过检验期限，否则不予接收入库。

(12) 发现有漏气部位，应将瓶移到库外，即时处理。

(13) 气瓶应建档，并按规定进行管理，发现异常情况及时报告，及时处理。

10. 遇湿易燃物品的储存有哪些安全管理要求？

答：(1) 库房应位于地势较高、通风干燥的地点，暴雨及汛期应保证库房不进水，库房内应通风良好，保持干燥。门窗应有阻止雨雪进入的设施，室内不准设供水管、暖气管。

(2) 库房应远离火源、热源。库房附近不得有盐酸、硝酸等散发酸雾的物质存在，应远离散发水蒸气或水雾的场所。

(3) 货垛下方应有苫垫，垫高通常为 15～30 cm，货垛不宜过高过大，保证货垛防潮散热。库房内相对湿度应控制在 80%以下，可采用电动空气去湿机或氯化钙吸湿剂降低库房内的相对湿度。库温一般应控制在 30 ℃以下。

（4）包装必须严密，应经常检查包装是否泄漏，发现泄漏应及时采取措施。搬运时应轻拿轻放，严禁翻滚、倾倒、撞击，以防包装破损。

（5）雨雪天无防雨雪措施不准进行室外搬运装卸，用汽车、铁路货车、船舶等运输时，应保证干燥，并具有良好的防火防潮设施。

（6）着火后一般用干粉、干沙、水泥灭火，灭火人员应戴防毒面具，尽可能在上风方向灭火。

11. 氧化剂、有机过氧化物储存有哪些安全管理要求？

答：（1）库房应阴凉、干燥通风，远离水源和热源，避免日光暴晒，应避免酸雾等侵入。

（2）库温一般应控制在 30 ℃以下，库内相对湿度控制在 80%以下，对某些特殊的氧化剂和过氧化物，应根据物品储存运输的有关说明确定储存运输的温度和湿度。

（3）包装要完好、密封，不得泄漏。

（4）货垛应稳固，垛底应有 15～30 cm 的垫板，垛高一般不超过 2 m。

（5）装卸应轻拿轻放，避免撞击、翻滚、拖拉、抛掷等，以防冲击、摩擦引起分解反应发生爆炸。

12. 为什么家用冰箱不适宜存放易燃液体？

答：因易燃液体蒸发的可燃气体达到一定爆炸浓度时，遇冰箱内继电器打火会发生爆炸起火。

13. 家庭防火的重点时段应注意哪些情况？

答：（1）炉（灶）具使用时，家中使用液化气、天然气等做饭、烧水期间，要做到人走火灭。

（2）使用电器时，认真阅读使用说明书，严格按说明书的要求操作使用；使用完后或家中无人时，要切断电源，防止长时间通电引发火灾。

（3）老人独自在家时，要经常向其提醒安全用火、用电方法，尽量选择有自动关断功能的电器。

（4）夜晚睡觉前应检查灶具、电器是否处于安全关闭状态。离家上班或者旅游前要检查灶具、电器是否关闭，切断电源。

（5）在居家装修改造过程中，注意控制明火和通风；使用汽油、酒精时，要关闭明火，保持通风良好。

（6）购买的烟花爆竹，在没使用前要妥善保管，存放在远离火源、热源的地方，防止儿童拿到随意燃放。燃放时要按说明书操作，注意防火安全。

14. 家庭火灾发生的主要原因有哪些？

答：（1）电气安装或使用不当。

（2）生活用火不慎。

（3）燃气泄漏遇明火、电气火花或碰撞火花。

（4）儿童玩火。

（5）吸烟引发火灾。

15. 家庭火灾由于电气安装或使用不当所致的，有哪些情况？

答：（1）违规安装、检修电气线路和电器造成故障。

（2）过多使用电器用具，造成电路超负荷而发热。

（3）导线连接不牢固，插头松动，电线陈旧老化、破损。

（4）电热器与可燃物距离过近。

（5）忘记关闭电热器具的电源开关，时间过长烤燃可燃物。

（6）配电箱直接安装在可燃材料上。

（7）焊接作业时，地点选择不当，没有采取必要的防火措施。

16. 家庭火灾由于生活用火不慎所致的，有哪些情况？

答：（1）炉火与可燃物距离过近，引燃可燃物。

（2）做饭时离开炉（灶）具，导致饭锅烧干，油锅烧着。

（3）油炸食品时不慎失火。

17. 家庭火灾由于燃气泄漏遇明火、电气火花或碰撞火花所致的，有哪些情况？

答：（1）私自安装或检修燃气管线造成漏气。

（2）燃气管线破损。

（3）更换液化石油气瓶时减压（调节）阀与角阀之间的密封不严。

（4）在缺乏必要了解和专业技能的情况下，私自检修燃气器具。

（5）液化石油气瓶超量充装，遇高温爆炸。

（6）往厕所或地沟里倒液化石油气残液。

18. 家庭防火应准备哪些备品？

答：家庭防火应准备家用灭火器、救生绳、手电筒、防烟面罩等。

19. 哪些吸烟习惯易引发火灾？

答：（1）躺在床上或沙发上吸烟。在喝醉酒或过度疲劳的情况下，躺在床上或沙发上吸烟，往往一支烟未吸完人已入睡，以致带火的烟头掉在被褥、衣服、地毯等可燃物上，引起火灾。

（2）随手乱放点着的香烟。随手将点燃的香烟放在写字台、桌上、窗台边上等，人离开时烟火未熄，烟头引燃可燃物并蔓延引起火灾。

（3）烟灰随处乱弹。烟灰掉落在可燃物上，引起火灾。

（4）尚未熄灭的烟头随手乱丢。尚未熄灭的烟头可以将纸篓、废纸等可燃物引燃，从而引发火灾。

（5）维修汽车和清洗机件时吸烟。维修和清洗作业大多用油桶、油盘等开敞器皿盛放易燃液体，工作人员的手上、衣服上经常沾染溶剂和油脂，如果养成习惯情不自禁吸烟，很容易引起火灾。

20. 超龄家电应做好哪些安全预防工作？

答：（1）注意防潮。放置家电的房间，相对湿度一般以40％～60％为好，湿度过高容易使家电的电路和金属件锈蚀而失效，造成家电不能正常使用和漏电打火，尤其应将电冰箱放置于通风干燥处。

（2）避开热源，通风降温。电视机、电脑等家电设备日常使用的最佳室温为 15～25 ℃。不得将电视机等放在距热源过近的地方，否则会降低电器的可靠性，容易出现故障，日常应该加强通风散热。

（3）预防油烟，定期除尘。家电使用过久，周围的灰尘和油烟会逐渐在机内聚集，不但对元器件有腐蚀作用，还会造成电路漏电打火。

（4）注意家电异常征兆。电视机如果图像变暗、忽大忽小、显示白点等，或机内有异味、冒烟等情况，要立即关机检修。电冰箱、空调器制冷效率下降，压缩机启动间隔时间逐渐变短时，应立即停机进行检修。

（5）缩短连续开机的时间。超龄电视机、电脑等连续使用时间不应过长，以防机内元器件升温太高而被烧坏。

21. 怎样预防开关、插座引发火灾？

答：（1）正确选型。根据家用电器的总容量及具体使用环境，选择合适的开关和插座。湿度较大的场所应选用防火开关和拉线开关；有腐蚀性物品或灰尘较大的室内不可安装开关、插座，而应安装于室外；具有燃烧、爆炸危险的场所，应选用防火或防爆的开关、插座。

（2）开关、插座的额定电流及额定电压均应与用电实际相符。不得任意超负荷，以免线路过载造成短路引起火灾。

（3）闸刀式开关应选用相匹配的熔丝。不允许任意更改尤其是加粗熔体，更不允许用铜、铝、铁等金属丝代替熔丝。

（4）单极开关应控制火（相）线，不可接在零线上，否则容易引起触电事故。一旦线接地，可能会发生短路甚至引起火灾。

（5）灯头插座在过载时极易发生事故，因此不可将电熨斗、电炉、空调等大功率电器接入灯头插座使用，以免引发火灾。

（6）开关、插座老化或损坏后，应及时修理或更换。

（7）外出、睡觉或突然停电时，要及时切断电源，使用电热器具更应倍加注意。

(8) 开关、插座应尽量安装在干燥、清洁、无尘的位置，以免受潮腐蚀造成短路而引发火灾。

22. 为什么禁止电动车停放在楼道内？

答：电动车停放在楼道内，会直接把逃生通道切断。电动车燃烧实验证明，一旦电动车燃烧起来，会产生大量有毒浓烟。毒烟以 1 m/s 的速度快速向上，所以一楼电动车着火很快会导致整栋楼陷入毒烟密布的状态。居民一旦吸入有毒浓烟，只需 3～5 口就会昏迷，甚至窒息死亡。

23. 电动车火灾频发主要有哪些原因？

答：(1) 线路老化。电动车使用时间过久，车里的连接线路很容易老化、短路。如果车内的导线发生短路，加上外部温度过高，很容易发生燃烧。

(2) 电池短路。电池使用时间过长，内部线路容易短路，引起自燃。电池安装不规范，在长期使用摩擦后会导致短路发热，引发电池燃烧。

(3) 充电器不匹配。不匹配的电动车充电器不仅会对电动车电池造成损伤，也有可能导致电动车起火。

(4) 过多充电。过多充电也是引发电动车自燃的主要原因，一般情况电动车充 8 h 左右的电就能够满足用户需求。充电时间过长，不仅不会有积极效果，反而会降低电池的性能。

(5) 电压不稳。当多辆电动车同时充电时，会导致电压不稳，容易形成火灾隐患。另外，私拉电线充电也会埋下安全隐患。

24. 电器火灾灭火有哪些注意事项？

答：（1）立即切断电源。如果只发现电器打火冒烟，断电后，火就能自行熄灭。

（2）如果是导线绝缘体和电器外壳等可燃材料着火，可用湿棉被等覆盖物封闭窒息灭火。

（3）不得用水扑救电视机等电器火灾，如果火势很大，并蔓延到家具及周围易燃物，窒息灭火法无效时，可以用水迅速扑救，以保证其他物资不受损失。但应注意，用水灭火时，要确保电器已经切断电源。

（4）家用电器发生火灾后未经修理不得接通电源使用，以免触电或再次引起火灾。

（5）电器发生火灾，有条件的应采用干粉灭火器、二氧化碳灭火器灭火。

25. 厨房火灾主要有哪些灭火方法？

答：（1）蔬菜灭火法。当油锅因温度过高，引起油面起火时，可将备炒的蔬菜及时投入锅内，锅内油火随之就会熄灭。使用这种方法，要防止烫伤或油火溅出。

（2）锅盖灭火法。当油锅火焰不大，油面上又没有油炸的食品时，可用锅盖将锅盖紧，然后关闭液化气灶具，稍等一会儿，火就会自行熄灭。需要注意的是，油锅起火，千万不能用水进行灭火，水遇油会将油炸溅至锅外，使火势蔓延。

（3）杯盖灭火法。酒精火锅在加酒精时突然燃烧起来，并会燃着装酒精的容器，此时千万不能把容器摔出去，应立即盖死或捂死容器口，使其窒息灭火。灭火时不要用嘴吹，可用茶杯或小碗盖在酒精盘上。

（4）湿布灭火法。如果家庭厨房起火，初起火势不大，可以用湿毛巾、湿围裙、湿抹布等直接将火苗盖住。

（5）食盐灭火法。食盐的主要成分是氯化钠，在高温火源下，会迅速分解为氢氧化钠，通过化学作用，抑制燃烧环节的自由基。食盐在高温下吸热快，能破坏火苗的形态，稀释燃烧区的氧气浓度，使火很快熄灭。

26. 哪些火灾不能用水扑救？

答：（1）电器火灾。电器发生火灾时，首先要切断电源。在无法断电的情况下，不得用水和泡沫扑救，因为水和泡沫都能导电。应选用二氧化碳、干粉灭火器或砂土进行扑救，而且要与电器设备和电线保持 2 m 以上的距离。

（2）油锅起火。油锅起火时，不得用水浇。因为水遇到热油会形成“炸锅”，使油火到处飞溅。正确的扑救方法是迅速将切好的冷菜沿边倒入锅内，或用锅盖、能遮住油锅的大块湿布遮盖在起火的油锅上，使燃烧的油火接触不到空气缺氧窒息。

（3）燃料油、油漆起火。家中储存的燃料油或油漆起火不得用水浇，应用泡沫、干粉灭火器或砂土进行扑救。

（4）电脑着火。电脑着火应立即切断电源，使用干粉、二氧化碳灭火器扑救。如果发现及时，也可以拔下电源后迅速用湿地毯或棉被等覆盖电脑，不得向失火电脑泼水。因为温度突然下降，可能会使电脑发生爆炸。

（5）化学品或危险物品起火。一些化学品或危险物品如硫酸、硝酸、盐酸、碱金属、易燃金属等，遇水后极易发生反应或燃烧，绝不能用水扑救。

27. 身上衣物着火有哪些灭火措施?

答:(1)当身上穿着几件衣服时，火不能立即烧到皮肤，应将着火的外衣迅速脱下。脱下的着火衣服不得向易燃物上丢。

(2)如果身上只穿着单衣，应迅速趴在地上；背后衣服着火时，应躺在地上；衣服前后都着火时，则应在地上来回滚动，利用身体覆盖火焰，隔绝空气，窒息灭火。在地上滚动的速度不能过快，否则火不容易被压灭。

(3)在家中可使用被褥、毯子或麻袋等物灭火，只要将其打开后遮盖在身上，然后迅速趴在地上，火焰便会立刻熄灭；如果旁边有水也可用水灭火。

(4)在野外，如果附近有河流、池塘，可迅速跳入浅水中；但若人体已被烧伤，而且创面皮肤已烧破时，则最好不要跳入水中。

28. 液化气灶具漏气着火时，应如何处置?

答:在家庭使用液化气灶具时，一旦漏气着火，要迅速拧紧钢瓶角阀上的手轮，断绝气源。液化气燃烧产生的温度很高，在关闭角阀时，要戴上湿过水的布手套，或用湿围裙、毛巾、抹布包住手臂，防止被火烧伤。如果家中备有灭火器，可先将火扑灭，再拧紧钢瓶角阀手轮。

关闭阀门的速度一定要快，否则钢瓶角阀内的尼龙垫、橡胶垫圈和用于密封接头的环氧树脂黏合剂就会被高温熔化，以致失去阀门的密封作用，使液化气大量外泄，火势会烧得更旺。

29. 家庭都有哪些快速灭火法?

答:(1)用喷雾水灭火。可燃气体因管道阀门、接口的气体发生跑、冒、滴、漏，遇到明火着火时，要立即用水或使用小型喷雾器，在距离火点约 50 cm 处，对准火焰根部，用力将水喷出或将喷雾器中的水打出，火苗或火焰就会立即熄灭。以上方法对家储少量的汽油、酒精、香蕉水等易燃液体的着火同样奏效。另外，也适用于扑灭固体物品（如窗帘、地毯、衣服、纸张等）的着火。但对带电物体（如电视机、电暖器、电热毯等）的着火，要做到先断电、后灭火。

（2）用干砂压盖灭火。干砂灭火法适用于扑救浅液面着火，压砂厚度一般为 0.5～3 cm。

（3）用湿棉被捂盖灭火。用湿棉被等将火捂灭的方法适用于扑救易燃或可燃液体、气体的着火，如沼气、液化气、汽化油炉等灶具的管道口着火。

（4）用家用灭火器灭火。家用灭火器适用于扑救各类家庭火灾。

30. 柴灶、煤灶与液化石油气灶为何不在同一房间内使用?

答：柴灶、煤灶与液化石油气灶不允许在一个房间内同时使用，因为一旦液化石油气灶漏气，遇明火就会发生火灾。

31. 家庭装修喷漆应注意哪些防火问题?

答：（1）喷漆操作应在单独房间内，并设有排风设备。

（2）喷漆时应禁止使用明火，禁止吸烟。

（3）喷漆设备应有良好的接地以导除静电荷。

（4）房间内的漆料与溶剂的存量不宜过多，一般以当天用量为限，剩下的漆料应妥善存放。

32. 使用电热毯应注意哪些防火问题?

答：（1）电热毯不能长时间通电，人员离开后必须切断电源。

（2）电热毯严禁折叠使用，防止电热丝损坏发生事故。

（3）沙发床不宜使用电热毯，电热毯开关必须放在不易碰触的地方。

（4）电热毯通电后如果产生过热现象，应停止使用。

33. 当发现液化石油气瓶、灶具漏气时应如何处理？

答：（1）首先关闭气瓶角阀，并开窗通风，使可燃气体散开。

（2）严禁动用电器和一切火源。

（3）立即联系液化石油站及时修理或更换。

34. 临时使用蜡烛照明，有哪些注意事项？

答：（1）仓库内严禁使用蜡烛照明。

（2）使用蜡烛照明时，不得放在可燃物上，应远离可燃物。

（3）使用蜡烛照明时，人员离开后必须将蜡烛熄灭。

35. 家庭使用电熨斗有哪些安全注意事项？

答：（1）在间歇性停用时应放在非燃材料的座式支架上。

（2）在遇停电或停止使用时应立即切断电源或关掉开关。

36. 火灾逃生时，为什么不能乘坐电梯？

答：（1）火灾中易断电，致使电梯“卡壳”，给救援带来困难。

（2）电梯直通楼房各层，火灾的浓烟易涌入电梯中形成“烟囱效应”，人在电梯内随时都有可能被浓烟毒气熏呛或窒息而死亡。

37. 为什么冬季火灾事故更多?

答：冬季天气寒冷，雨水稀少，储存的各种原料多，用火、用电、用气量大。冬季又处于每年的首尾之际，生产、工作繁忙，加之昼短夜长，人们容易懈怠，往往忽视消防安全，初起火灾不能及时发现。所以造成冬季火灾事故更多，损失伤亡更大。

38. 判断隔门房间的着火情况，一般有哪些方式?

答：(1) 当手感门面有升温时，表示隔门已发生严重火患。手摸门面确定是否升温应以离地面越高越好。

(2) 察看是否有烟气从门缝中流入，大部分烟气是从门的上部流入。但当受通风系统运转或装上耐火的硬质门缝封闭装置时，单靠烟气确定火灾威胁也并不都是可靠的。

(3) 用手接触全金属贯穿门把手底部是否升温判断隔门有无火情。注意一定不要抓实，避免被烫伤。

39. 发生火灾时，人被困在室内应如何呼救?

答：被困的人应保持冷静，卧在地面上呼救。因为火势顺着气流向上升，在低矮的地方，可燃物已经烧过或还有没有燃烧的地方，呼救的声波可以透过这些空隙向外传出。这样外界容易听到呼救声，能够及时设法营救，还可以摇动白、红衬衣或手电筒，便于救援人员寻找。

40. 火场逃生如何巧用毛巾?

答：(1) 如果楼房失火，人被困在房间内，浓烟弥漫时，毛巾可以暂时作为防毒面具使用。试验证明，毛巾折叠层数越多，除烟效果越好。

(2) 湿毛巾在消烟和消除烟中的刺激性物质方面的效果比干毛巾好，但通气阻力比干毛巾大，呼吸起来不如干毛巾顺畅。

（3）对于质地不密实的毛巾，要尽量增加折叠层数。同时，要捂住口鼻，使保护面积大一些。

（4）在烟雾中一刻也不能把毛巾从口和鼻上拿开，即使只吸一口气，也会使呼吸困难。应该注意，使用毛巾是不能消除一氧化碳的。另外，高层建筑物着火时，人被围困在楼里，还可以向窗外挂出毛巾作为求救信号，以得到消防人员的救援。

41. 火灾逃生中的错误行为有哪些？

答：（1）原路脱险。大多数建筑物内部的平面布置、道路出口一般不为人们所熟悉，一旦发生火灾，人们总是习惯沿着进来的出入口和楼道逃生，当发现路被封死时，才被迫寻找其他出入口，往往这时已失去最佳逃生时间。因此，当进入一个新的大楼或宾馆时，一定要对周围的环境和出入口、安全通道进行必要的了解与熟悉。

（2）向光朝亮。在紧急危险情况下，由于人的本能、生理、心理所决定，人们总是向着有光、明亮的方向逃生。但火灾发生时，90％的可能是电源已被切断或已造成短路、跳闸等，光亮之地正是火势正旺之处。

（3）盲目追随。当人突然面临危险时，极易因惊慌失措而失去正常的判断能力，当听到或看到有人在前面跑动时，第一反应就是紧紧地追随其后。常见的盲目追随行为有跳窗、跳楼，逃（躲）进厕所、浴室、门角等。克服盲目追随的方法是，平时要多了解与掌握一定的消防自救与逃生知识，避免事到临头没有主见而随波逐流。

（4）自高向下。当高楼大厦发生火灾，特别是高层建筑一旦失火，人们总是习惯性地认为火是从下面往上着的，越高越危险，越下越安全。殊不知，这时的下层可能是一片火海。随着消防装备现代化程度的不断提高，在发生火灾时，有条件的可登上房顶或在房间内采取有效的防烟、防火措施后等待救援。

（5）冒险跳楼。人们在开始发现火情时，会立即做出第一反应。这时的反应大多还是比较理智的分析与判断。但是，当选择的路线逃生失败而逃生之路又被大火封死，火势越来越大，烟雾越来越浓时，人们就很容易失去理智。此时也不要跳楼、跳窗，而应另谋生路，万万不可盲目采取冒险行为。

42. 家庭失火的应急十要点指的是什么？

答：（1）初起火最易扑灭，在消防车未到前，如能集中全力抢救，常能化险为夷，转危为安。

（2）要早报警，报警越早，损失越小，要牢记 119 火警电话。

（3）要先救火，后搬运财物，片刻延误，易成巨灾。失火时，不宜先抢救财物，易被烟呛窒息或失去最佳逃生时机。

（4）要沉着冷静，严守秩序，才能在火场中安全撤退。倘若争先恐后，互相拥挤，阻塞通道，导致自相践踏，会造成不必要的后果。

（5）下楼通道被火封住，欲逃无路时，可将被单、台布撕成布条，结成绳索，牢系窗槛，再用衣角护住手心，顺绳滑下。

（6）邻室起火，万勿开门，应跳入窗户阳台，呼喊救援或用前法脱险。否则，热气浓烟乘虚而入，易使人窒息。

（7）烟雾较浓时，不必惊慌，宜用膝、肘着地，匍匐前进，因为近地处往往残留清新空气。注意呼吸要小而浅。

（8）在非上楼不可的情况下，必须屏住呼吸上楼。因为浓烟上升的速度远快于人上楼的速度。

（9）逃离时，要用湿毛巾掩住口鼻，也可用水打湿衣服、布类等掩住口鼻。带婴儿逃离时，可用湿布轻蒙在他的脸上，一手抱着，一手着地爬行逃出。

（10）逃离前必须先把有火房间的门关紧。特别是在住户多的大楼和旅馆内，采用这一措施能够使火焰、浓烟禁锢在一个房间内，不致迅速蔓延，为本人和他人赢得宝贵逃生时间。

43. 火灾现场的“逃生十策”指的是什么？

答：（1）平时对所在场所要想好两条以上不同方向的逃生路线。

（2）躲避烟火时不要躲到阁楼、床底下或大衣橱内。

（3）火势不大时要当机立断披上浸湿的衣物或裹上湿毛毯、湿被褥勇敢地冲出去，千万不能披塑料雨衣。

（4）不留恋财物，尽快逃出火场，千万记住既已逃出绝不能再跑回去。

（5）在浓烟中避难逃生，要尽量放低身体，并用湿毛巾捂住口鼻。

（6）如果身上着火，千万不要奔跑，要就地打滚压灭身上的火苗，或跳入附近水池中。

（7）不盲目跳楼，可用绳子或把床单撕成条状连接起来，紧拴在门窗档、上下水管道或重物上，迅速顺势滑下。

（8）充分利用建筑物自身的大窗、阳台、落水管等进行逃生自救。

(9）如被火围困在楼上，可向室外抛扔沙发垫、枕头或其他小物品，夜间则可打手电，发出求救信号。

(10）若逃生路线被火封锁，立即退回室内，关闭门窗，堵住缝隙，有条件的向门窗上不停浇水，并发出求救信号。

44. 在野外遇到火灾时，应采取哪些应急措施?

答：(1）退入安全区。扑火队在扑火时，要观察火场变化，万一出现飞火和气旋时，组织扑火人员进入火烧迹地、植被少、火焰低的地区。

(2）按规范点火自救。要统一指挥，选择在比较平坦的地方，一边点顺风火，一边打两侧的火，一边跟着火头方向前进，进入点火自救产生的火烧迹地内避火。

(3）按规范俯卧避险。发生危险时，应就近选择植被少的地方卧倒，脚朝火冲来的方向，扒开浮土直到出现湿土，把脸放进小坑里，用衣服包住头，双手放在身体正面。

(4）按规范迎风突围。当风向突变，火掉头时，指挥员要果断下达突围命令，队员自己要当机立断，选择草较小、较少的地方，用衣服包住头，憋住一口气，迎火猛冲突围。千万不能与火赛跑，只能对着火冲。

45. 遭遇森林火灾，应采取哪些防护措施?

答：(1）在森林火灾中对人身造成的伤害主要来自高温、浓烟和一氧化碳，容易造成热烤中暑、烧伤、窒息或中毒，尤其是一氧化碳具有潜伏性，会降低人的精神敏锐性，中毒后不容易被察觉。因此，一旦发现自己身处森林着火区域，应当使用湿的毛巾遮住口鼻，附近有水的话最好把身上的衣服浸湿。还要判明火势大小、火苗延烧的方向。

（2）在森林中遭遇火灾一定要密切注意风向的变化，应当逆风逃生，切不可顺风逃生。如果突然感觉到无风的时候更不能麻痹大意，这时往往意味着风向将会发生变化或者逆转，一旦逃避不及，容易造成伤亡。

（3）当烟尘袭来时，用湿毛巾或衣服捂住口鼻迅速躲避。躲避不及时，应选在附近没有可燃物的平地卧地避烟。切不可选择低洼地或坑、洞，因为低洼地和坑、洞容易沉积烟尘。

（4）如果被大火包围在半山腰，要快速向山下跑，切忌往山上跑，通常火势向上蔓延的速度要比人跑的速度快很多。

（5）如果时间允许，可以主动点火烧掉周围的可燃物，当烧出一片空地后，迅速进入空地卧倒避烟。

46. 火灾烧伤后，如何保护创面？

答：在火场，对于烧伤创面一般可不做特殊处理，尽量不要弄破水泡，更不能涂龙胆紫一类有色的外用药，以免影响对烧伤面深度的判断。为防止创面继续污染，避免加重感染和加深创面，对创面应立即用三角巾、大纱布块、清洁的衣服或被单等给予简单包扎。手足被烧伤时，应将各个指、趾分开包扎，以防粘连。

47. 火灾烧伤后，如何处理合并伤？

答：有骨折者应予以固定；出血时应紧急止血；有颅脑、胸腹部损伤者，必须给予相应处理，并及时送医院救治。

48. 轻微的烧烫伤，应采取哪些措施？

答：轻微的烧烫伤，可以先用冷水冲洗，再用冷敷或用冷水泡，其次用碘酒或稀释的黄药水消毒伤口，再用绷带包扎即可。切记不可弄破伤口的水泡，避免造成细菌感染。

49. 严重的烧烫伤，应采取哪些措施？

答：（1）冲：在流动的冷水中冲洗约 30 min。

（2）脱：在冷水中慢慢将衣物脱去，不要将水泡弄破。

（3）泡：在冷水中连续泡 30 min，将余热完全除去。

（4）盖：用干净的床单或纱布、毛巾将伤口覆盖。

（5）送：尽快送医治疗。

50. 简述手提式干粉灭火器的使用方法及注意事项。

答：压把法：将灭火器提到距火源适当距离后，先上下颠倒几次，使筒内的干粉松动，然后将喷嘴对准燃烧最猛烈处，撕掉小铅块，拔去保险销，压下压把，灭火剂便会喷出灭火。

旋转法：开启干粉灭火器时，左手握住其中部，将喷嘴对准火焰根部，右手拔掉保险卡，顺时针方向旋转开启旋钮，打开储气瓶，滞时 1～4 s，干粉便会喷出灭火。

手提式干粉灭火器在操作灭火时，要注意保持灭火器正立状态，并将干粉射流喷向燃烧的火焰根部。在室外使用时，要注意站在上风向喷射，并随着射程缩短，要逐渐接近燃烧区，以提高灭火效率。

51. 简述空气泡沫灭火器的使用方法及注意事项。

答：使用时拔出保险销，一手握住开启压把，另一手紧握喷枪，用力捏紧开启压把，打开密封或刺穿储气瓶密封片，空气泡沫即可从喷枪口喷出。

使用泡沫灭火器时应注意，人要站在上风处，尽量靠近火源，因为灭火器的喷射距离只有 2～3 m，要从火势蔓延最危险的一边喷起，然后逐渐移动，注意不要留下火星。手要握住喷嘴木柄，以免被冻伤。因为二氧化碳在空气中的含量过多，对人体也是不利的，所以在空气不畅通的场所，喷射后应立即通风。

空气泡沫灭火器使用时，应使灭火器始终保持直立状态，切勿颠倒或横卧使用，否则会中断喷射。同时应一直紧握开启压把，不能松手，否则会中断喷射。

52. 简述二氧化碳灭火器的使用方法及注意事项。

答：二氧化碳灭火器有开关式和闸刀式两种。使用时，先拔去保险销，然后一手握住喷射喇叭上的木柄，一手按动鸭舌开关或旋转开关，最后提握器身。需要注意的是，闸刀式灭火器一旦打开后便再也不能关闭。因此，在使用前要做好准备。

对没有喷射软管的二氧化碳灭火器，应将喇叭筒向上扳70°～90°。使用时，不能直接用手抓住喇叭筒外壁或金属连线管，防止手被冻伤。

使用二氧化碳灭火器时，在室外使用的，应选择在上风方向喷射；在室内窄小空间使用的，灭火后操作者应迅速离开，以防窒息。